山口トラ、ィーー!

還暦迎えたヨ、私たちのコープ

有吉政博
ARIYOSHI MASAHIRO

幻冬舎 MC

還暦迎えたヨ、私たちのコープ

山口トライ！

山口新聞連載「咲かせようね　みんなの夢を。」

2023年生活協同組合コープやまぐち60周年にあたり

新聞連載（2021年5月11日〜同年11月23日118回）を

大幅に加筆

つむいできた〝熱情〟のさらなる発展を！

日本生活協同組合連合会　代表理事会長　土屋敏夫

コープやまぐちが創立60周年を迎えられました。

１９６３（昭和38）年の創立から、幾多の困難を乗り越えての「還暦」にお喜びを申し上げます。それに先立ち、２０２１年に同生協顧問の有吉政博氏が、生協史を自身の50年間の在籍期間の奮闘と重ねた「咲かせようね　みんなの夢を。」を、１１８回にわたって山口新聞に連載をされました。

これは、氏が勤続50年、そのうち34年間を常勤役員であったという長さだけでなく、その間、経営危機を経験され、その危機からの脱出で「組合員組織と職員組織の二つの組織の人間力」を力の源泉とされた実践、さらには経営の自立と共に山口県民になくてはならない生協と言われるようになりたいと奮闘され、地域とともに歩んでこられたことの表れだと感じます。

生協の創生期、１９７０年代の急速成長期のダイナミックさ、一転して経営危機、再生と生協の歴史は、ジェットコースターのようであり、またどの時代も生協にかかわる多くの方々のおもい〝熱〟を感じることができます。

また2012年の国際協同組合年にあたって、山口県実行委員会が、直木賞作家古川薫氏に「志士の風雪 品川弥二郎」を執筆依頼し、単行本化できた経過なども具体的で興味深く、赤ちゃんサポート、夕食宅配、県立大学との「私らしく生きる生きかた講座」の開設、女性がリーダーになったボランティア団体の支援・女性いきいき大賞の創設、市町長と組合員代表の懇談会など、様々な活動を創出された実践は、地域社会との共存という点でもたいへんユニークなものです。

有吉さんは、生協について説明する時「組合員に共通する願いは、より良いくらしと住みよい地域づくりです。そのために話し合い、知恵と力を出し合い助け合うという、協同を実践している組織です」と答えられるそうです。生協が夢のために力を出し合う存在でありたいと実践を続けられた記録になっています。

このたび、コープやまぐち60周年にあたり、新聞連載に加筆されて、「山口トライ」として出版されました。生協の実践の記録として、生協に働く職員、生協関係者はもとより、多くの方々に読んでいただきたいと思います。

創立60周年、おめでとうございます!

はじめにの1「経営再生のパワー、そして恩返し」

本のタイトルはラグビーではありません。

ＣＯ-ＯＰ、ＣＯ-ＯＰＥＲＡＴＩＶＥ（協同組合）、コープ、生協＝生活協同組合が、山口でトライした実践物語です。

東京五輪の前年１９６３年山口国体が開かれ、その年に創業した山口中央生活協同組合が、２０２３年還暦を迎えるにあたり発刊する山口トライは、２０２０年山口新聞に１１８回連載の「咲かせようね　みんなの夢を。」に大幅加筆、整理を加えました。

還暦を迎えた機会ですから、**「創業の原点」**を推察整理しました。大きな夢を持ち、今から作る生協の存在価値に「民主主義」「平和とより良きくらし」を掲げたことを時代背景と共に考え、そしてその創業の志はどこまで実ったのか？　平和な社会を希求する活動で振り返ってみました。

コープやまぐちは、ちょうど「企業の寿命30年説」が言われていた頃、創業20年前後に経営危機に直面しました。その危機は、極めて**ドラスティックな救済劇で再建**が果たせました。その歴史を忘れてはならない史実としてつづりました。幸いに倒産を免れることができ、そこからの建て直しの中心の役目をいただいた私は、得難い経験の中で「人の力」の大きさを実感しました。生協において人の組織は職員組織と組合員組織があります。その二つの組織の人間力が再生エネルギーでした。

経営再生は、経営を担う役目の者にとっては、「資金」「損益計算書」「貸借対照表」との闘いでもあります。私は貸借対照表に載らない財産として組合員組織をあげ、その消費者の方々から力を出し合ってもらうのは共感がキーポイント、それが心に響いた時、共鳴するととらえました。

幸いに、再建を果たすことができ、支援・協力にどのように**恩返し**できるのかと考えました。「街まちに協同する姿のあるやまぐち県を！」を目指し、「県民共有の財産と言われる生協を築くこと」が恩返し！　がたどり着いた答えでした。生協再生とその後の幾つかのチャレンジが山口トライです。

私の恩師の美土路達雄先生は、協同組合の重層構造をわかりやすく整理して鏡もち論を述べておられました。運動体の三宝の上に、大きな餅が組織体、上の餅が経営体、その上の橙が資本体という構造で、運動、組織をしっかり固める必要性を学びました。この重層構造を一体的運用にすべきだと感じたのが、私の「体験的協同組合論」です。

はじめにの2「コープやまぐちの概要」

生協ってなんだ？　と説明を求められた時、私はこんな風に言ってきました。「世の中のお母さんたちに共通の願いは、家族の健康です。つまり『より良いくらし』と言えましょう。そのために、消費者が協力することが大切と気付かれた方々が出資され組合員に加入されます。そして、さらによりくらしやすい地域にしていくためにも力を出し合おう」と考えられるようになります。

言ってみれば、生協は、「より良いくらしと住みよい地域」をつくりたいと願う、主婦を中心とした消費者の組織（あつまり）です。

単一生協は都道府県内

消費生活協同組合法という法律で、単一生協は都道府県内で設立が規定されています。コープやまぐちは山口県内を事業の範囲としています。（許可を受ければ、隣県までの事業は行えます）

そのため、隣県の生協とは事業連合を作って、協同事業を行っています。コープやまぐちは、生活協同組合連合会コープ中四国事業連合（略称コープCSネット）に加盟していますし、全国では日本生活協同組合連合会に加盟しています。また共済事業は、日本コープ共済生活協同組合連合会の元請で行っています。

そのように、個々の生協が独立した経営を行い、共通する事業には連合組織を作っています。

還暦を迎えたコープやまぐちの概要

2022年度決算（2023年3月末）数値（概数で表記）で次のようになります。

組合員（生協に出資し、利用し、運営にも参加する方々）数
：約21・7万人、山口県内世帯数比36・6％が加入
年間の供給高（売上高）：230億5千9百万円
　内店舗供給高：71億6千万円
　宅配　　　　：150億7千万円
　夕食宅配　　：8億1千9百万円
経常剰余金（経常利益）：7億8千1百万円
総資産　：186億7千2百万円
自己資本：124億3千4百万円
（内、組合員出資金90億4千万円）（自己資本比率66・5％）

生協用語解説

供給高（企業でいう売上高の事、以下カッコ内は同様）

出資金（資本金）

剰余金（利益）：経常剰余といえば経常利益のように使う。

理事（取締役）：総代会で選出、組合員からの選出に加え、学識経験者、常勤職員から選出

常任、常勤、常務、専務（それぞれ企業の役付取締役に相当）：理事会で互選

理事長（社長に相当、非常勤の場合と常勤の場合がある）：理事会で選任

代表理事（代表権をもった理事、理事長、専務が持つ場合が多い）：237ページ参照

総代会（株主総会に相当）：通常総代会では決算監査報告、剰余金処分案、事業報告、事業計画、予算案、役員選任が行われる、臨時総代会も開催できる。

総代（組合員の中から選出され、総代会を構成する）

地域別総代会：通常総代会議案の事前審議など地域別に開催。コープやまぐちの場合、年3回地域別に開催：２４３ページ参照

コープ（運営）委員会（地区で組合員活動を進めるために作られる）：２４０ページ参照

山口トライ！還暦迎えたヨ、私たちのコープ もくじ

第2章／組織づくりから運動展開へ

第3章／経営危機

第4章／破たん回避を確実なものに

第5章 信頼回復から質的変革へ！

第6章／共感から共鳴へ！

第7章／恩返しは地域社会へ・山口トライ

第8章／「教えられ学んだこと」と「結び」

終章／二つの組織の共鳴・共震は無限の力をも発揮する！

運動・組織・経営・資本体の重層構造「鏡もちの一体的運用を！」

本書において、山口中央生協という名称の時代も、創業期等必要な時を除き、極力コープやまぐちで記載しました。

第1章　原点回帰

創業直後にオープンした小郡店開設時の関係者（1963年10月）

組織は、重要な節目に「原点回帰」を必要とすると言われます。還暦は、「元の暦に還る」、すなわち「還暦＝自分が生まれた年の暦に還える」わけですから、これほど原点を組織的に振り返るにふさわしいタイミングはないと思います。「創業の志」とは何であったのか？

まとまった文書としては残っていませんので、これは還暦にあたり整理すべきと考えました。そしてその創業の志はどのように実ったのか、平和をテーマに振り返ってみました。

「志」といえば、松下村塾で吉田松陰先生は、学びに来た誰にも「君の志は？」と聞かれたそうです。士規七則には、「志を立てて万事の源となし、交を択びて仁義の行いを輔け、書を読みて聖賢の訓えをかんがう。士、まことに、ここに得ることあらば、またもって成人となすべし」と書かれています。（引用：『山岡荘八歴史文庫　吉田松陰2』山岡荘八著、講談社、1987年）

これに学び私も毎年の新人教育で「立志・択友・読書を」と繰り返しました。

歴史をひも解くと、コープやまぐちも大きな志を持って創立されていました。

❶ 大きな「存在意義」を掲げた！ 創業の志（原点考察？）

コープやまぐちの原点は、創業者藤村節正（1915〔大正4〕年～1989〔平成元〕年）のことを抜きにして語ることはできません。

1963（昭和38）年、東京五輪の開かれた前年、山口県では国民体育大会が開催されました。その年に創業された山口中央生協（現コープやまぐち）の創業の志とは？

私が生協に就職したのは、創立6年目でしたから、直接には触れていないことでもあり、それを、藤村の生い立ち、職業、戦後の労働運動、生協との関わりから探ってみます。

労働運動の中で追及した戦後復興、平和憲法、国民主権、民主主義、労働者の権利と福祉、これらを見聞したヨーロッパの生協の姿を山口県に根付かすことで実現したいということだったように思えます。岸内閣が池田内閣に代わり高度経済成長が見え始めた時期でもあります。時代背景とともに考えました。

1　創業者　藤村節正

藍綬褒章受章時の「生協運動」誌への紹介

日本生活協同組合連合会（以下、日本生協連）が発刊している、全国の生協役職員向けの「生協運動」という雑誌1980年3月号に、藤村が藍綬褒章を受章したことを紹介した田村羊子氏執筆の、「困難な道を選んで30余年」というタイトルで「藤村さんの歩んだまっすぐな道」とした人物評があります。次の山口中央生協として再出発までを要約して、紹介します。

「生協運動」誌より要約

山口県防府市に流れる佐波川の源流域にあたる徳地町（現在は山口市）に生まれた藤村は、1933（昭和8）年国鉄に入社。国鉄に入ったのは、当時いくら星雲の志を抱いても学歴のないものは絶対だめ、わずかに逓信講習所、国鉄、警察官、陸海軍などへの細い道が開いていただけだったからです。その時の国鉄に採用してくれた所長が、同じ山口県の出身で、国鉄から政界に入り、総理大臣に上り詰めた故佐藤栄作氏だったと言います。国鉄では、門司鉄道管理局鳥栖運輸所が出発点。そして、長崎市立中学夜間中学に入るために、長崎への転勤を願い出ました。当時、上の学校への受験資格のある夜間中学は、東京に一つと、三菱造船所という大工場の在る長崎市にしかなかったそうです。

国鉄入社、夜間中学卒業後兵役、終戦、労組、生協へ

藤村は、昼間は働きながら4年間勉学し、無事卒業。しかし、国鉄に入ってからの勉学は一切認めないという規則があり、中学を卒業したとはいえ、採用当時の学歴は訂正されることは無かったのです。藤村の差別に対するうつぼつたる怒りはこの辺から始まるのです。

国鉄勤務から、3年間の兵役。そして、終戦の年1945年12月、復職した国鉄では山口県小郡へ帰り、1948年国鉄労組の専従になりました。戦後の混乱の中での民主化闘争、労働者の利益を守るためにどうするかが藤村の課題であったといいます。その年、国鉄小郡生協が誕生していますので、国鉄労働組合の専従役員として、労働者福祉のためには生協が必要というスタンスだったのだろうと思えます。

先に、労働運動の足跡を見ます。1948年国鉄労組小郡支部書記長、翌年同委員長、山口県官公労議長、51年山口県労評副委員長、53年同委員長。民営化前の国鉄は労働組合が強いことで知られていました。そこを基盤に県労働組合評議会の議長を1960（昭35）年10月に退任するまで9年間務めています。1960年は、日米安全保障条約が改定された年。推進する岸信介首相が山口県選出であるだけに、全国での安保反対運動とともに山口県内でも激しい反対運動が取り組まれたと聞きます。その政治闘争の中心である労働組合の責任者ですから、たいへんな役割だったと思えます。

その条約が改定され、岸内閣から池田内閣に代わった年、山口県知事選挙の年でもありました。安保反対を戦った労働運動側から、知事選を見送るわけにはいかないと、知事選の候補者にもなりました。

そして、知事選敗退を最後に、国鉄も退職、労働運動も離れます。岸内閣に代わった池田勇人内閣は所得倍増を掲げ、日本経済は高度成長に向かう大きな転換点でもあります。

労働運動・労働者福祉の運動、生協運動へ

今見た労働運動の流れに、戦後の生協の成り立ちを重ねてみますと、１９４７年５月３日、日本国憲法が施行されました。主権が国民に在ること、平和主義、戦争放棄、そして基本的人権の尊重などがうたいあげられました。その当時、戦前から生協にかかわっていた人たちを中心に「消費生活協同組合法」の制定運動が進められ、１９４８年に制定されました。戦前は、農業協同組合などと一緒に産業組合法に管轄されていた生協が、単独法を持つことができたわけです。

そして法律が制定された翌１９４９年６月に、19の生協が参加して山口県生活協同組合連合会が全国で３番目に設立されました。

藤村は、国鉄小郡を基盤に、１９５１年２月、県生協連の専務に就きます。その年の３月、日本生協連の創立総会が開催され、藤村は、理事に就任しました。県労評の議長に就いた同

年のことです。労働運動の中で、労働者福祉の運動を大切にした藤村は、１９５２年山口県労働金庫の設立にも関わり、以降29年間理事を務めました。また、山口県共済生協（現こくみん共済コープ）の専務理事も１９５７年から19年間、副理事長３年間と合わせて22年間関わりました。

「砂に咲く花」が、生協運動へつっこむ契機に

藤村が本気で生協をやろうと思うようになったのは、「厚生省に生協についての原稿を依頼され、その原稿料で、厚生省が作成した映画『砂の花』（厚生省が作成した「生協とは」をわかりやすく説明した劇映画）を借り、夜、あちこちで生協の話をして歩いたころからだった」といいます。

山口県内には炭鉱が沢山ありました。そのそれぞれには生協が作られていましたが、閉山と共に消えていきます。

それも見ながら「生活がある限り生協はある」という藤村は、武家の商法では生協は成り立たないと１９５３年に「国鉄小郡生協」から国鉄を取りのぞいて「小郡生協」とし、主婦中心の生協への転換を指向しようとしました。

そして、労働運動の一環として生協を進める藤村にとって、大きな転機となったのは、１９５５（昭和30）年、ヨーロッパの生協視察でした。灘生協（現コープこうべの前身の一

つ）の次家幸徳氏、福島の関誠一氏という生協に常勤している役員と一緒に視察したことで、「生協運動における事業活動の大切さ」を痛感しました。

また、ヨーロッパの生協の発達した姿は、労働運動で「戦後民主主義を定着させなければ」と闘ってきた藤村にとって、「市民生活に大きな役割を発揮しているヨーロッパの生協の姿を、ぜひわが国に定着させたい」という希望の姿として映ったに違いありません。

また、この視察で、灘生協の次家幸徳氏との交友は、後々まで続く貴重な財産となり、コープやまぐちの歴史にも後々まで大きく関わってくることになります。

山口中央生協として再出発

国鉄小郡から国鉄の文字をとって「小郡生協」と改称した生協も、実はうまく行きませんでした。その出直しを図って、ヨーロッパで見た生協の姿に近づきたい！　労働運動から離れた藤村は生協に専任する道を選びます。県生協連会長、山口県共済生協の専務、山口労働金庫の理事でもありますが、地域生協を常勤の仕事とする決意でもありました。

１９６３年、小郡生協を整理し、土地などの資産と共に、およそ8千万円の負債も受け継ぎ、新生「山口中央生協」は創立総会を開催しました。

創立総会での藤村のあいさつ

以下は、議事録に残る、藤村発起人代表のあいさつです。

「今日新たに山口中央生協を創立するにあたり多大なご賛同を得たことに感謝します。今日種々の政治活動等が行われている中で、家庭の民主化を果たすことなく真の民主化はあり得ません。私どもは生協運動を通じこれを果たそうとするものであります。

小郡生協は長い伝統と各位の支援を得ながら事実上倒産したことは皆さん共に残念でたまりません。しかし死んだ子の年をかぞえるのでなく新しい前進の道を見つけることが私たちの任務と考えます。私どもが前進することは諸般の事情から困難なことでありますが、絶対失敗しない信念と体制の下で発足することになりました。

事業面では、国内だけでなく世界的な規模にある灘神戸生協の支援を得て力強く発足しようとするものであります。

当生協は、地域生協の本質に鑑み単に労組とか特定の人の加入ということでなく、広く一般消費者の参加と協力を得て進めたいと存じます」

2　創業に至る背景

コープやまぐち25周年史で、ルポライター大森信夫氏の記述から、創業の背景と当時の関係者の志を探ってみます。

生協活動の灯を消すなが合言葉で山口中央生協誕生

昭和30年代、労働組合に依存した生協は苦難の時代を迎え、軒並み不安に陥ったと言ってよい。山口県内の生協も例外ではなく、30年代後半にはほとんどの組織が崩壊していく。小郡生協も１９６３（昭和38）年７月ついに事実上の倒産状態に入った。

小郡生協が事業閉鎖により、物によっては15％アップしたといわれるほど町内の小売価格は高騰する。こうした状況の中で、地域住民からの生協再建の要請と共に、生協関係者や行政サイドからも「山口県の生協運動の灯を消すな」の声が高まり、藤村を中心に地域生協設立の気運が盛り上がってきた。また県当局や労働金庫からの要請を受けて、灘神戸生協も人事派遣を核に支援に乗り出す。一方では、労金の資金援助を受けて旧小郡生協の資産を買い取って営業拠点を確保。１９６３（昭38）年８月31日、小郡町労働会館、２３４名の出席で山口中央生協の設立総会を開催した。組合員３８７名、出資金５万円、理事長藤村節正、常務理事大神正義（労金専務）、同高村勳（灘神戸生協）という体制であった。

常務理事は、いずれも非常勤、高村勲氏は後にコープこうべの理事長、組合長に就任するだけでなく、日本生協連の会長も務める方だが、当時は灘神戸生協で店舗事業の責任者であった。

創立総会・高村勲氏の来賓あいさつ要約

「今回、小郡へ行って手伝いを命じられた高村です。」地元の状況に触れた後、「生協運動は地域に根をおろさない限り意味はないと存じます。私どもは単にお手伝いに来ただけの者ですが、消費者の利益以外に考えるべきでなく、山口中央生協に利益ありとすればそれは地域消費者のものでなければなりません」

「ゼロからの出発ではなく、小郡生協という前進があり、マイナス８千万円からのスタートだけに、困難ではありますが、必ず将来大をなすことを確信し」等と記録されています。

高村勲氏の25年史での述懐

さらに氏の述懐を同じ25周年史の対談記事より抜粋します。

「藤村さん自身にはその責任は無いわけだけど、それまでの小郡生協の運営については相当反省しておられた。借金に頼ったり、他人をあてにしちゃあいかん。自力で再建するんだと、強い決意を込めて、みんなに話しておられた」

「山口中央の名前は、県央部で活動する意味に加え、県内生協の統一を果たし、全県民の生協にしていこうという願いが込められていた」

「私は、小郡の旅館に泊まり、小郡店の開店までの準備にあたり、10月6日のオープンに備えた。灘神戸生協から私以外に2人派遣して店長なんかの仕事にもつかせていた」

「僕も、開店後神戸に帰ってからも、3年くらいは毎月役員会で通っていました」

3 推察する創業の7つの「志」

こうして創業期を記録により振り返ると、時代背景と共に創業にあたっての強い意志が感じ取れます。

設立する生協は、何のために存在するのかの「存在意義（価値）」。

営む事業の目的と、組合員のためにという事業の基本姿勢。

組合員の手による運営という組織運営の基本姿勢、

事業にあたる職員の姿勢、

そして経営の安定の必要性をと整理しました。

①生協活動への参加は民主主義の定着

国民主権の日本国憲法が制定され、民主主義を定着させるための戦後の雰囲気が残っている状況で考えねば、理解しづらいわけですが、「生協は民主主義の学校」とも言われた時代です。

つまり、出資者が利用者で、「利用する人たちで運営する」という生協の事業運営のあり方は、消費者参加という民主主義の一つの実践とも言えます。

その生協が、暮らしと地域の中に定着していくことは、民主主義の定着に役立つ。家庭の民主化は、設立宣言の中にある言葉です。

②平和とより良きくらしのために

終戦、平和憲法制定、その翌年に消費生活協同組合法が制定されます。当時の国民が、平和のありがたさを実感し始めた頃です。戦争は、もうこりごりだったと思われます。

その頃、日本生協連の設立総会にあたって、スローガン論議がされ、「平和とより良き生活のために」が採択されました。

平和が先か生活が先かという論議が行われ、初代会長となった賀川豊彦氏（※）が、平和な社会があってこその国民生活で、平和を先にと取りまとめたという逸話が残っています。

藤村もその総会には参加しています。その思いは共通であったと思われます。藤村に「賀川さんってどんな方でした？」と問うたところ、「あたたかい人だった」というのが記憶に残っています。

③生活がある限り生協はある、市民生活に役立つ事業に

当時の国内の生協は、灘神戸生協（現　コープこうべ）が知られているくらいで、同じ年に

コープさっぽろが設立されたように、国内での認知度は低いものでした。

産業革命後のイギリス、ロッチデールに28人が出資金を持ち寄って始まった「ロッチデール公正開拓者組合」の流れを受け、ヨーロッパには生協が広がっていました。その先進を見たこともあり、「ヨーロッパのように市民生活に不可欠な存在になりたい」という思いを描いたものと思われます。

④消費者組合員の利益以外を考えるべきではない

灘神戸生協から出向して常務に就いた高村勣氏の設立総会の挨拶に見ることができます。「生協に利益があるとすれば、それは地域の消費者のものでなければならない」という議事録に残ることばは、組合員利益を最優先で経営の安定を考えなければならないという基本視点を教えてくれます。

⑤労働組合などの組織にたよらないで消費者組合員の手で運営

当時、労働組合が支援してできた生協では、生協運営は労組などに図り、実際の利用は主婦という形が当たり前のように行われていて、それも経営のつまずきの要因でした。

今日では当然で、本来の姿にしたいという言葉ですが、当時、労働組合を母体でスタートしようという生協での発言と考えると、「出資者が、利用者であり、運営者という三位一体の原則を貫くこと」を徹底したいという言葉には重みがあります。

⑥武家の商法では成り立たない

これも今や死語になりました。明治維新で近代国家に変っていく中、武士階級は無くなってきました。その中で商売を始めたものの、「売ってやる」という武家の態度は改まらない、それでは商売にならない。

そんな、態度を戒めたことばを使っているのは、何も創業当時だけでなく、今後も「接客態度として謙虚でありなさいよ」とか、「売り手側メセンにならないように」ということかもしれません。

⑦経営をしっかりしなければならない！

繰り返しそのことを掲げているのは、戦後の生協の経営の不安定さの反映だと思います。が、いつの時代になっても不変のテーマです。その後の、コープやまぐちも、このテーマにずいぶん苦しみました。

その基盤ができ安定化できて夢を具現化できるようになりました。

※賀川豊彦
１８８８（明治21）年〜１９６０（昭和35）年は、大正・昭和期のキリスト教社会運動家・社会改良家。戦前日本の労働運動、農民運動、無産政党運動、生活協同組合運動、協同組合保険（共済）運動において、重要な役割を担った人物。日本農民組合創設者。「イェス団」創始者。キリスト教における博愛の精神を実践した「貧民街の聖者」として日本以上に世界的な知名度が高く、戦前は現代の「三大聖人」として「カガワ、ガンジー、シュヴァイツァー」と称された。

❷ 創業の志はどこまで実ったか？「平和の世の中を希求する運動」でふり返る

「生協で平和運動？」とよく首を傾げられたものです。改めて創業の頃の世相を思い返すと、終戦、戦争はこりごり、廃墟の中からの復興、平和憲法制定、国民主権、民主主義と、戦前の軍国主義の価値観が根底から変わっていき、1960年日米安全保障条約改定、その後高度経済成長に入っていく頃です。

さらに、それに先立つ終戦直後、生協の復興をと願う先人たちは、消費生活協同組合法制定や日本生活協同組合連合会（以下日本生協連）の設立などを進めてきました。その流れに呼応するように、山口の生協も全国で3番目に県生協連合会を設立、日本生協連の設立にも参加、「平和とより良きくらしのために」のスローガン採択にも参加してきています。

その戦後の流れで見た時、「平和」と「民主主義」を、創業にあたって生協の存在価値としたこともはじめて理解できます。

１　生協で平和運動

その平和な社会であってほしいと願うことに誰も異存はありません。しかしそれを運動として取り組むとなると、具体的に見えるものがなければ、何のために何をするのかが、一緒に取り組みましょうと呼びかける人たちにも伝わりません。

そうした中で、唯一被爆国である日本において、「核兵器を地上からなくす」という願いは多くの方々の共感をいただけます。核兵器は地球上から廃絶して欲しいという取り組みには共感が得られます。

原水爆禁止世界大会と折り鶴運動

どのような取り組みをしてきたのかをふり返ってみてみます。

広島で開催される原水爆禁止世界大会へ１９７９年に初めて代表派遣をしました。

その後に、折り鶴運動が広がりました。戦争を無くしてほしい！　核兵器は禁止して欲しい！　その願いで一羽一羽と折った鶴をつなぎ、持ち寄って千羽鶴につなぎます。自分たちで何ができるのかを考える中で、誰もができる平和を願う運動として、折り鶴運動が広がってきました。

また、１９８１年、「私の戦争体験」の文集を発行し、多くの方々が戦争体験をつづられ、平和な世の中であって欲しいという気持ちを、どう伝え、どのように広げていくのかの模索も始まりました。同年の「核兵器完全禁止と軍縮要求」署名は6千名でした。千羽鶴は初めて被爆者支援センター「ゆだ苑」（39ページ後述）に届けました。

親子で平和を考える取り組み

１９８2年、初めて親子映画会を開催。「象のいない動物園」を取り上げました。戦争末期、「空襲で猛獣がにげだしたら危険」と、日本中の動物園で象など多くの動物が殺され、戦後、それを知った子どもたちはふたたび象をむかえるために力を合わせるという、実話をもとにした物語は、多くの親子に感銘を与え家庭での話し合いにつながったそうです。

翌年には、親子映画会はアニメ「対馬丸　さようなら沖縄」。これは、戦争末期、沖縄から本土への学童疎開が行われ、その学童をのせた対馬丸が撃沈されたという悲惨な物語。それで８００人もの多くの児童が亡くなり、生き残った少年も、このことを口外することは軍から止められ、苦しみ悲しむという、戦争のこわさ、悲惨さを伝え、考えさせる映画会でした。

その年には、原爆写真展も開催。平和の募金に取り組み、50万円余が寄せられ、広島平和大会へは33名の親子が参加、核兵器の無い平和な日本をめざす署名には1万３５１６筆。

その年には、平和サークルも結成されました。各地域の活動交流、全体での推進の中心的な役割を果たしました。

特筆することでは、広島市への原爆投下を題材にした絵本『おこりじぞう』（山口勇子著、金の星社、１９７９年）が絵本として出版されている他、教科書の教材にもなっているため知名度が比較的高く、等身大の大型の紙芝居として作成されました。各地で上演は、折り鶴、署名、募金、親子での平和学習などが持続的に取り組まれていくことを後押ししました。

市民平和行進に参加

日本生協連と市民団体などによる、「反核市民平和行進」が、東京と広島、長崎を結んで行われていました。被爆40周年にあたる１９８５（昭和60）年コープやまぐちも初めて山口県内の行進に参加。広島と長崎をつなぐ行進は、広島から長崎へ、長崎から広島へと毎年交互に行われ、当然山口県を通過します。その平和行進にそれ以降毎年、コープやまぐちも取り組むことにしました。

「なぜ生協で？」と、よく言われたものです。

「平和であってこそ、私たちのくらしも成り立つのヨ」といった会話の中から、お母さんたちの平和運動は徐々に、しかし確実に広がってきました。行進しながら、沿道の方々に「核兵器廃絶」を呼びかける運動は、その運動への関心を高めるには有効でも、酷暑の親子の運動としては過酷でもありますから、２０１７年から行わないことになりましたが、その運動の中から、さまざまなコープやまぐちとしての取り組みも広がりました。

生協の平和運動で「お母さんたち」の世論を高める

そうした運動を進める中で私は、「原水爆禁止国民協議会とか原水爆禁止国民会議とかの組織で活動される方々にはその組織で進めていただき、私たち生協の役目はごく一般のお母さんたちに平和や核兵器廃絶の事に関心を広げていくこと」、いわば「世論を高めるためには、運動理解者を広めることが必要で、そういう役目を担っていきたい」という思いを持っていました。

そのためには生協ならではの取り組みもあるはずですし、「核兵器は地球上から無くしてほしい」、「被爆者援護は行ってほしい」を一致点として、「子供たちへ平和な未来を！」のスローガンで、自分たちでできることを取り組みましょうというスタンスです。

いくつかの特徴的なことを見てみます。

広島・長崎に次いで、人口比で被爆者が多い山口県

爆心地広島の隣県ですから、人口比では広島、長崎に次いで被爆された方々が多い山口県で、その被爆者の支援と、核兵器廃絶の運動をする「一般財団法人 山口県原爆被爆者支援センターゆだ苑」が設立、運営されています。以下、同センターのホームページを転載します。

被爆者支援センター「ゆだ苑」の設立

福祉会館「ゆだ苑」（この会館は、山口市の湯田温泉地区の一角に建設されたことから、「ゆだ」の名称が付けられました）は、山口県内の被爆者が『温泉保養や休息ができる福祉会館』として、また『被爆者支援運動の推進と核兵器廃絶に向けた平和運動の拠点』として、1968年5月に建設された施設です。

平和を求める人々の取り組みにより「ゆだ苑」が完成しました。

全国の原水爆禁止運動が混乱状態に陥った1963年に「被爆者センターを建設し、そこを拠点に、県内被爆者の支援運動と核兵器廃絶に向けた平和運動を推進しよう」との声がたかまり、被爆者・県内大学人・学生・平和団体・宗教家などが推進役となって、県内各地で懸命な募金活動を展開しました。

この取り組みは多くの県民の支持を受け、1968年5月に、全国に誇れる福祉会館「ゆだ苑」が完成しました（イデオロギーや宗教宗派、思想信条などの違いをすべて乗り越えた被爆者支援および平和を求める人々の会館建設への取り組みは、当時「山口方式」と呼ばれ、全国の注目を集めました。この山口方式の理念は、現在の「ゆだ苑」の組織運営理念・活動理念として継承されております）。

オープン後は被爆者の保養施設としての役割を果たしながら、一方では、広島・長崎とは比較にならないほど恵まれない県内被爆者の支援運動とともに、核兵器廃絶に向けた平和運動を積極的に進めてまいりました。

「ゆだ苑」の現在

福祉会館「ゆだ苑」は、老朽化のために維持できず1995年に廃館。それ以降、運動を推進する事務局は、ゆだ苑の跡地に建設された「自治労会館」の1階に場所を移して、現在に至っております。

発足当初から、『会館（建物）の名称』と『運動組織（組織体）の名称』を区別しないまま、同名で「ゆだ苑」と呼称してきたことから、ゆだ苑という建物が廃館後も被爆者支援運動と平和運動を推進する現在の運動組織体の名称に、「ゆだ苑」を使用しています。

以上「ゆだ苑」のホームページを転載させていただきましたように「被爆者の支援運動と核兵器廃絶に向けた平和運動」のセンターになっていますから、本書では「一般財団法人 山口県原爆被爆者支援センターゆだ苑」の正式名称ではなく、「被爆者支援・平和センターゆだ苑」、または単に「ゆだ苑」と略させていただきます。

被爆者への毛糸で編んだひざかけプレゼント

コープやまぐちの平和活動も、「ゆだ苑」と提携して進め、さらには毎年のように募金を届けるなどの支援活動に取り組んでいます。中でも、被爆者へ「組合員が手編みした毛糸のひざ掛けを贈る運動」は、生協の特徴を活かした取り組みでした。平和の取り組みは8月の平和祈念式典を中心に取り組まれますが、１９８６年、これを「夏だけの取り組みに終わらせないで、年中取り組めるようにしよう」と周南地域で始まり、翌年には県内全域で取り組まれました。

２０２０年まで、34年間つづきました。延べにすると７９００枚を超えるひざ掛けを届けることができたと記録されています。多くの方々がモチーフを編み、それをお世話される方々がつながれてできあがるひざ掛けですから、贈る人たちの心の温かさが伝わるプレゼントです。多くのお礼のお手紙が、贈った人たちの気持ちに響きました。

「ゆだ苑」、そして被爆者団体協議会のみなさんとは、そういうことを通じても交流が進みますし、被爆された方々のお話を聞くことなども平和学習の一環になりました。並行して、募金や平和を祈る折り鶴など、これも多くの方々の協力で進められます。

山口のヒロシマデーと「平和の折り鶴」

山口市で、毎年9月6日、「山口原爆死没者追悼・平和式典」が開催されます。なぜ9月6日なのでしょうか？　この式典について、以下、被爆者支援・平和センター「ゆだ苑」のホームページから転載させていただきます。

山口原爆死没者追悼・平和式典

1973年夏、ある人の証言で、山口市宮野江良の共同墓地の一画に被爆兵士の遺体が埋められていることがわかり、同年9月6日に発掘を開始して13体以上を収骨しました。

これらは、被爆後、旧山口陸軍病院に収容された身元不明の軍人の遺骨です。この周辺には、収骨できなかった遺骨が、現在でも多数埋没していると言われています。

1974年、収骨に参加した人々を中心に、原爆死没者の慰霊碑建設委員会が結成され、県民の協力を得て「原爆死没者之碑」が建立されました。さらに1985年には、これも多くの県民からの寄付で、「納骨堂」も建設されました。現在、この納骨堂には、146体以上の原爆死没者の「分骨」と826名を登載した「死没者名簿」を収めています。

1974年から、毎年9月6日に、この碑の前で原爆死没者の追悼と平和を誓い合う式典を挙行しています。この式典を「山口原爆死没者追悼・平和式典」と呼んでいます。

それ以降、毎年9月6日に、碑の前で山口原爆死没者追悼・平和式典を「山口ヒロシマデー」の呼称で開催し、2023年では第49回目となります。

山口のヒロシマデーにあわせて中心商店街に折り鶴

２００2年、９月６日「山口のヒロシマデー」に合わせて、平和をアピールすることも目的に、山口市内中心商店街に「平和の折り鶴」を飾りました。以降、２０２０年まで18年間毎年実施しました。

商店街約１・５キロメートルにもわたっておよそ１００メートル間隔で、スローガンと一緒に千羽鶴が掲げられ、原水爆禁止などをアピールしました。山口でそのような「山口のヒロシマデー」と呼ばれる平和記念式典が行われていることを、マスコミ報道などでしか知られなかった市民のみなさんに、平和の取り組みを身近に感じさせた取り組みでした。これらは、生協ならではの取り組みとして進められましたが、それ以上に力を発揮できたことがあります。

2 市町長と一緒に平和を！

快挙！ 平和市長会議への県内全首長加盟は、広島県に次ぐ2番目

市民平和行進をする中では、各市町の市長、町長へ平和要請を行ってきました。どこの市町でも「平和を願っての行進ごくろうさま」という姿勢で対応していただいています。

この場でも、平和市長会議への加盟をお願いしてきました。

加えて、コープやまぐちでは、各市町長と組合員代表の懇談会を開催してもらっています。あくまで懇談会で、市政への具体的な陳情などは行わないで、むしろ市町長に生協の活動を知っていただきたい、その中で、行政で進めておられることも教えていただきたい、またアドバイスもいただきたいという趣旨で、1996年に県内14市1町で初めて開催でき、以降毎年のように開催されています。

2008年、平和市長会議の提唱される「都市を核攻撃するなプロジェクト」のことを聞き賛同署名に取り組むとともに、市長、町長へ平和市長会議へ加盟していただきたいとお願いしました。その年には、萩市長と平生町長に参加いただきました。

そのことで口火を切っていただけたのでしょう、翌年には、県内すべての市長、町長が参加を申し込まれ、コープやまぐち総代会の理事長挨拶でそのことを報告し、総代のみなさん全員の拍手で喜びあいました。

平和市長会議とは

1982年、荒木武 広島市長（当時）は、米国・ニューヨーク市の国連本部で開催された第2回国連軍縮特別総会において、世界の都市に国境を越えて連帯し、共に核兵器廃絶への道を切り開こうと呼びかけました。また、広島・長崎両市は、この呼びかけに賛同する都市（自治体）で構成する機構として、世界平和連帯都市市長会議（現・平和首長会議）を設立しました。１９９１年には、国連経済社会理事会のＮＧＯに登録されています。

（平和首長会議のホームページより転載）

※２００１年、「世界平和連帯都市市長会議」から「平和市長会議」に、２０１３年に「平和首長会議」に名称変更。

平和首長会議は、加盟都市相互の緊密な連帯を通じて核兵器廃絶の市民意識を国際的な規模で喚起するとともに、人類の共存を脅かす飢餓・貧困等の諸問題の解消さらには難民問題、人権問題の解決及び環境保護のために努力し、もって世界恒久平和の実現に寄与することを目的としています。

周東地域の市町長と一緒に「平和のつどい」を開催

２００８年には、周東地域（柳井市、光市、田布施町、平生町、周防大島町、上関町）の組合員が、「平和のコンサート」を開催しました。平生町長にも会場参加いただき、その経験も活かして翌２００９年、同じ地域で市長、町長に参加してもらって「平和のつどい」を開きたいと企画しました。

柳井市長と平和首長会議に最初に参加いただいた平生町長が趣旨に賛意を示され、組合員と市長、町長が一緒に平和の大切さを考える取り組みが開催でき、市長や町長のナマの声で、「私はこう考える」といった話が聞けたものですから、企画し、運営にあたった組合員はもとより、およそ100名の参加者には身近に感じたと大好評でした。

当日の内容を、「平和市長会議が事務局を置く広島平和文化センターのスティーブン・リーパー理事長が講演。原油など資源をめぐる国家間の獲得競争激化を懸念し、『力を誇示するため全世界に核兵器が広がる危険がある』と指摘。廃絶に前向きな米国オバマ政権の誕生と、翌春の核拡散防止条約（ＮＰＴ）再検討会議を好機ととらえ、『被爆国日本の強力なメッセージが必要。みなさんの草の根運動が国を動かす』と述べた」と、中国新聞は伝えています。

スティーブン・リーパー理事長からは、平和市長会議への加盟の呼びかけもありました。

ピースフォーラム2010：広島市長の講演

周東地域での市町長と一緒に平和を考える取り組みを県内に広めていきたい。そういう思いも込めて、ピースアクション実行委員会として県域での開催を企画しました。ピースアクション実行委員会は市民平和行進の頃には青年団協議会も参加されていましたが、この頃にはコープやまぐち、県生協連合会、県被爆者団体連絡協議会、被爆者支援・平和センターゆだ苑の構成に変更されておりました。

２０１０年、山口市でピースフォーラムの開催には、県内全首長が平和市長会議へ参加いただいたことも影響したと思います。秋葉忠利広島市長（当時）に来山、講演いただきました。「秋葉広島市長と共に考える核兵器のない未来」として、核をめぐる国際情勢や、原水禁国際大会のことなどを学ぶことができました。そのフォーラムでは、県内8自治体の市長、町長、副首長と一緒に平和を考えるパネルディスカッションで、首長の生の声で平和への思いを語っていただいたことが大好評でした。

山口市長が先頭に、長崎市長への要請

その経験を活かしたいと2回目は、渡辺純忠山口市長が長崎大学の卒業であることから、長崎市長にお越しいただけないでしょうかと相談したところ、その場でしばらくお考えになり「一緒に行きましょう」と、このお返事にはびっくりしましたが、「長崎市長にお越しいただきたい」という文面のお願いでは、こちらの意が十分に伝わるとは思えないから、自分が足を運ぼうと考えられたようです。

後日、長崎まで1泊で出張いただき、私も同道し、市役所で田上富久市長に直接にお願いでき、渡辺山口市長が訪問してのお願いですから、その場で山口へ行きましょうとのお返事をいただけました。

ピースフォーラム２０１１：長崎市長の講演

「田上長崎市長とともに考える核兵器のない未来」と題したピースフォーラム２０１１も、県内6首長に参加いただきました。首長と共に考えるフォーラムは、広島県生協連の役員も見学

に来られ、「山口方式」でこのスタイルは広めたいと感心されたような取り組みになってきました。

そのように、広島、長崎両市の市長にも参加いただけたこと、山口県内の全市町長が平和市長会議に参加していることから、ピースフォーラムに「山口版平和市長会議」の名称を使うこともできるようになりました。

ピースフォーラム：2012

ピースフォーラム2012を企画する中で、公務に多忙な首長たちに参加呼びかけはするものの日程調整が極めて難しいことから、首長に参加いただくのは3年に1度程度として、その間の2年間は平和活動を積み重ね、開催年につないでいくというように考え方を整理しました。ピースアクション実行委員会も、コープやまぐち、県生協連合会を主催団体に、県被爆者団体連絡協議会、被爆者支援・平和センターゆだ苑は協力団体という位置づけにしました。

その年は、被爆者と、県内小・中学生徒、広島・長崎の高校生の発信を参加者で考えるというスタイルのフォーラムになりました。

ピースフォーラム2013：日本生協連竹本成徳会長による「被曝体験」

自身が被爆者で、『さいごのトマトーヒロシマを、わたし自身の「ことば」で』（竹本成徳著、致知出版社　１９９７年）という書籍を出版されている竹本成徳日本生協連会長（当時）に、被爆体験とさいごのトマトの内容を講演いただきました。

旧制中学の生徒だった自身が被爆当日の行動を話され、更にはお姉さんが全身にやけど、水を欲しがる姉に、水を与えれば絶命するのを分っていて容易に水を飲ますこともできない。翌朝、お父さんが畑からトマトをとり、お姉さんに飲ませ、家族で見送ったという壮絶な話で、原爆という無差別に人命を奪っていく兵器のこわさ、残忍さを伝えられました。

ピースフォーラム２０１６

市長、町長にも参加をお願いする平和市長会議版は、3年に1度の開催にして、２０１６年には、長崎大学核兵器廃絶研究センター　鈴木達治郎センター長（現副センター長）に講演いただき、首長は7自治体から参加。「継承　次世代へつなぐ平和への思い」のフォーラムテーマでした。

3年に1度の首長への参加を呼びかけない年には、紙面での対談にしてみたら？　という渡辺純忠山口市長の提言が、その翌年の広報紙紙面上でのピースフォーラムにつながりました。

ピースフォーラム２０１９：全市長アンケート回答

3年ぶりの２０１９山口版平和市長会議は、実出席は2市2町であったものの、13市5町のすべての市町からアンケートに応えていただけました。

アンケートは、①第2次世界大戦にまつわる戦跡の紹介②核兵器や戦争のない平和な社会づくりについて取り組まれていること、これから取り組んでみたいこと③次世代・子供たちへの「継承」という視点で取り組まれていることや、市民と一緒に取り組みたいことがあれば教えてくださいという設問でした。

フォーラム資料42ページの内、30ページにわたってすべての市、町の首長名で回答された文書を配布できました。

県内各市は戦争末期にそれぞれ空襲を受けています。とりわけ陸軍の防府飛行場、周南市の海軍燃料廠、光市の海軍工廠、下松市の製油所、岩国の海軍燃料廠など、軍の施設や燃料施設も多くあった瀬戸内海側の各市はまさに廃墟となるような攻撃を受け、多くの方々が亡くなられています。このことを、各市町長からのアンケート返信では軍事施設が空爆のターゲットにされただけでなく、市民生活が直接に空爆にさらされたことを具体的に教えられました。

二日間で893トンの焼夷弾が投下された下関市では、さらに海峡には4700個もの機雷が投下され、現在も処理が続いていること。山陽小野田市は山口県で初めてB29による空爆をうけたこと。宇部市では爆弾、機銃、焼夷弾攻撃を8回にわたって受け、7月2日の焼夷弾攻撃では、罹災者は2万4277人にもなったこと。その中で罹災した呉海軍工廠宇部分工場として利用されていた建物の焼失を免れた赤煉瓦の壁が、貴重な文化遺産として現在の宇部市立図書館の壁に取り込まれていることなど、さまざまなことを学ぶことができました。

回天記念館と戦跡マップの作製

周南市大津島には「回天記念館」（かいてん）があります。

回天とは、天を回らし、戦局を逆転させるという願いを込めて、太平洋戦争中に開発された魚雷に大量の爆薬を搭載し、自らが操縦して敵艦に体当たりするという特攻兵器で、海の特攻とも呼ばれています。

その搭乗員の訓練を行った施設が大津島にあり、そこで訓練を受けた若者が任務に旅立ったところです。その旧回天搭乗訓練員の宿舎跡に、この回天記念館は建てられました。記念館の中には、特攻兵器である回天の説明に加え、搭乗員が家族に宛てた手紙等の遺品が展示されています。悲しい記憶を後世に伝えられる貴重な記念館です。コープやまぐちの平和活動としても、その施設を訪れ、平和の大切さを考える取り組みもたびたび行ってきています。

また、光市にも、光基地「回天の碑」がありますし、平生町には、回天基地であった場所に回天碑とともに阿多田交流館という施設が作られ、回天の実物大のレプリカも展示されています。

戦跡めぐりのリーフレット作成

それら回天基地に関連する施設のある、周南と周東2地域の平和ネットトの皆さんが、２０１

8年度に、A3用紙の両面を使って、8つ折りにしてその1面がタイトル「回天をたずねて」と題したリーフレットを作成されました。片面はA3で山口県版戦跡マップ「回天ゆかりの地」と瀬戸内海の絵図に対岸九州国東半島にある大神基地も含めて分りやすく作成されました。

他の地域の方がそれらの施設を訪れてみたいという時、とっても役立つ資料が作成されたわけです。

その経験は、2019年フォーラムで平生町長から、「町内にも回天の碑とともに阿多田交流館という施設があるが、なかなか訪れてもらえない。地域の観光や特産品なども含めて気軽に来てもらえる手引きのようなものがあればいいですね」との発言がきっかけでした。

それが契機となり、アンケートで教えられたさまざまな県内の戦争体験とその後の記念碑などをまとめて紹介したいという動きができ、2022年ピースフォーラムには、「やまぐちピースマップ」(11センチ×21センチ版、43頁)として作成、配布されました。

県内13市6町すべての市町別に、その市町の戦跡に加え、観光地や特産品も紹介し、山口県の主な空襲の記録、慰霊碑のある学校、コープやまぐちの平和活動の紹介という内容で構成されています。

ピースフォーラム2022

3年に一度の自治体首長と、被爆者、市民が一緒に開催するピースフォーラム2022、山口版平和市長会議。８月５日にＫＤＤＩ維新ホール（山口市、新山口駅側）で、２７０名の参加で開催されました。

それぞれの地域で、市町長との懇談会などで地元組合員代表から出席を要請したことの効果もあったのでしょうか、初めて５市長２町長１副町長の８名に揃って壇上で平和首長会議を開催していただきました。

第一部「伝えたい！　山口県で感じる平和」では、高齢になりピアノを学ばれた被爆者の折出氏のピアノ演奏で開幕し、次いでその演奏された折出氏の話を聞きました。13歳で入市被爆したくさんの同級生を亡くされた経験から「今の平和はその犠牲の上に成り立っているのです。我々はその犠牲者の思いを無にすることなく平和な日本を築き上げていかねばならない」と力強い話しでした。

次いで、コープやまぐちピースサポーターのみなさんの「私の伝えたい平和」などの発表、ピースマップの活用紹介などがあり、さらにＫｉｄｓピースサポーターの活動発表で、自分たちでできる平和活動について参加者全体で考える場になりました。

平和市長会議山口版では、「次世代へつなぐ平和への思い」という視点で、それぞれの市町で取り組まれていることや、市民と一緒に取り組みたいことについての考えを聞かせてもらい、各市町で行っている「平和教育や平和活動についてもお話しいただき、「戦争の悲惨さを伝え、核兵器廃絶を訴え続けることの大切さ」が再認識されました。

3 還暦考・どこまで進んだ生協の存在価値？

この章のテーマは、還暦にあたって、「創業の志はどこまで実ったのか？」を「平和な世の中を希求する運動で考える」でした。

①創業の志で掲げた大きな存在価値

創業にあたって、生協の存在価値を「民主主義の定着」と「平和な社会」と大きく構えたものです。どちらも、何ができたか？ 簡単に説明できるものではありません。

評価は、もっと後世の方々に判断していただければよいわけですが、こうして、「平和な世の中を希求する運動」をふり返って見ると、十分とは言えないけれど、恥ずかしくはないと言えると思います。

②私たちにできることを精いっぱい取り組んだ

平和な社会と大きく構えた時、私たちは、「人類の英知として核は兵器としての使用は行わないでほしい。地球上からなくしてほしい」ということでは共感していただけると思い、そこを一致点として運動してきました。

その上で私たちに具体的にできることは、その一致点の上で、「被爆者の援護、核兵器廃絶を願う世論を高めること」に限定されたのかもしれません。

そのことを一緒に考え、一緒に行動してもらうということが、私たちが、民主主義の世の中でできる唯一の行動ではなかったのではないでしょうか。

③生協組織ができることは、わずかです。

しかし、そのわずかなことの中にある、「学び、話し合い、一緒に運動する」ことは、「平和な世の中を希求する世論が高まり、国内のひいては世界の為政者にまで届くようにしていく」、一歩だと思います。

平和市長会議に山口県内全首長の参加が広島県に次いで全国2番目。生協の働きかけを各首長の方々が大切に思っていただけたからでしょう。それまでの積み重ねがあってこそだと思います。

そのように小さな一歩ですが、これは「民主主義の社会で実践できる大きな一歩」、そのことで民意を高めるという「歩んでいく価値は大きい」と信じます。

第2章　組織づくりから運動展開へ

石油ショック後の狂乱物価の一日も早い安定をと
県庁へのデモ行進（1974年４月）

山口中央生協という呼称の生協には県庁所在地の山口市出店は不可欠。1969（昭和44）年、1フロアー約1000㎡、3階建て当時としては大型店出店。この出現は市民の生協イメージを一新させました。その年から班という少人数の組合員のグループ化を進めました。

その力が一定ついてきたころ、1973年日本を襲った石油ショック。全国的に消費者の買いだめ騒動が起きるなど国民生活が大混乱。それを引き金に、消費生活をまもれという消費者運動に取り組み、山口県消費者団体連絡協議会の設立などにも中心的な役割を果たしました。

本来、運動体である生協は組織を作り、事業を展開します。コープやまぐちは事業が先行しての組織づくりでしたが、基礎組織づくりが進み消費者運動を展開できました。そのことで社会的支持が高まることも力に、さらに事業拡大（出店）を行いました。しかし組合員組織を造りその力で出店という原則的な進め方ではなく、事業拡大が先行して組合員組織づくりというスタイルでした。組織は運動と不可分なこと、組織と事業のバランスが大切なことを学びました。

❶ 新聞連載 山口店出店と組織づくり

1 班という基礎組織づくり

1970（昭和45）年4月山口店開設、7月に牛乳の共同購入を開始。私は生協に就職以来、機会あるごとに「班の無い生協ではダメだ」と言ってきていました。その念願の班組織づくりがスタートです。班長会、班会の開催、運営委員会など組合員組織運営も変化していきます。

〈新聞23〉普通牛乳180cc16円で！

山口店がオープンしますが、私の配属は神戸で学んだ部門の仕事ではなく組織部。組合員組織を広げ、運営参加を進めていく仕事です。

●牛乳の共同購入準備

その時期、広島で生協暦のある金子光皓氏がコープやまぐちに就職、組織部長に着任。全国的に広がりつつあった牛乳の共同購入（数世帯で班を作り、まとめて配達、自分たちで分け合い、集金する）を進める準備に取り組みます。広島のチチヤス乳業の協力が得られることになります。

●加工乳でなく普通乳を

当時はまだ宅配牛乳が主力でした。そして普通乳ではなく、加工乳が中心でした。そこへ「乳脂肪分3・2%、テトラパックによるワンウェイ容器、班単位の配達・集金で低価格を実現」と、班づくりを呼びかけることになりました。

牛乳配達は私の仕事です。しかし単に配達だけでなく、牛乳利用を呼びかけ、申し込みがあれば加入や生協の説明をして、配達開始という内容です。午前と夕方の配達、そして組織部の仕事。望んだことでもあり、仕事には意欲的に取り組めたと思っています。

●良い牛乳安くに支持

取り組みを開始した1カ月間で90数班ができたと記憶しています。4月の出店から3カ月後のタイミングでもあり、全く新しい取り組みとしてマスコミにも取り上げられるなど、消費者市民の関心も高かったと思います。それまで加工乳中心の商品、それも乳脂肪分3・0%でした。そこへ普通乳3・2%は商品への関心も高めました。価格安を実現するために、消費者も協力しようという呼びかけもすんなりと受け入れられたと思います。年度末には160班を数えるまで広がり、翌年には小郡町、防府市でも展開することになります。この牛乳の共同購入により、話し合いの基礎組織ができ、組合員組織運営に変化が表れ始めます。

〈新聞24〉班長会の開催、班会の呼びかけ

山口店開設、そして牛乳の共同購入開始の１９７０（昭和45）年は、高度経済成長真っ盛りです。つまり、毎年初任給が大幅に上がる、物価も上がるというインフレサイクルに入っていました。

●生協価格は組合員の話し合いで決定

１９７１年春、各メーカーは一斉に牛乳値上げを決定（市販価格24～26円）、コープ牛乳の製造元チチヤス乳業からも値上げの要請がありました。それに対して、「コープ牛乳の価格は組合員が決める」。そのため運営委員会、班長会、班会での話し合いを行うというのが生協の方針です。そのため他メーカーも値上げを実施できない、あるいは値上げしていたスーパーも価格をもとに戻すという状況になりました。業界の話し合いもあったのでしょう。チチヤス乳業からは、生協価格を20円にしないなら出荷停止もありうるとの通告を受けました。

そこまでの強い申し入れを受け、７月に緊急班長会、「あくまで自主的に価格を改定するという考えで、11月から19円への価格改定」を決めました。

このような対応ができたのは、班で牛乳を共同購入することが始まってから班長会を呼びかけ、共同購入の改善や意見を聞くこと、班での話し合い＝班会を開けるようになっていたことがあります。そして価格改定という関心の高い事項で、班長のみなさんが、組合員みんなを代

表して参加しなければと思われたことが、班長会への認識を高めることにつながりました。

●班を基礎の組織運営へ

こうした実践が、班を基礎にした組合員組織の運営で、それが生協運営における組合員参加なのだと確信が持てるようになっていきます。

その意識が理事や幹部職員にも共通になっていく上で、大きかったのは運営委員の選出の広がりだったと思います。班長会で委員の選出を呼びかけることで、従来の関心の高い個々の組合員への呼びかけよりも、広範な広がりを作っていくことを実感してきたからでしょう。

班での話し合い、班長会の開催、班を基礎にした組織運営への試行錯誤が始まりました。

〈新聞25〉コープレター、広報の仕事

牛乳配達を続けながら新しい班への説明、班長会の開催、班会への出席、楽しく仕事ができました。しかし、そうした会への参加が難しい班が多いわけです。ならば広報活動で組合員の理解を高めたいという方向に進みます。

広報は大切だが、そのコストは抑えたい。そのために、オフセット印刷機を購入して、「有吉これを使って、組合員向けの機関紙を作れ」と。おかげでインクまみれになっての格闘も経験！

そして、そのタイトル「コープレター」は藤村節正理事長の発案、今もそのタイトルは継続

されています。一時期は週刊発行、今はＡ５版カラー印刷12ページで月刊発行されています。

●コープレター創刊号

この1号は、日付が記載されていないレベルのものでＢ５判１ページの簡単なものです。１９７０年5月。「コープ16円牛乳を飲みましょう」の呼びかけです。店舗での牛乳券（30枚チケット）か、班配達からの選択でと説明しています。

初年度は不定期発行でした。１９７０年9月15日、山口店屋上での観月会の開催。「なすの色をひきのばしたような空に、ぽっかり浮かんだまんまるい月、で始まる文章で、家庭でのお月見をすすめ、ところで今年の中秋の名月は、もっと多くの方たちと、広いコープの屋上でお楽しみなさいませんか、俳句の一つでもとお考えの方、音楽でも聞いてとお考えの方」、と呼びかけています。茶菓券を50円で整理券として発行し、野点のお茶の接待もしたような記憶があります。同時に運営委員会へのお誘いも行っています。このころから、運営委員会を設ける準備も始まりました。

●牛乳の検査結果報告

牛乳は、班組織づくりの武器ともいえる商品です。そして加工乳でなく、普通乳で乳脂肪分３・２％を売り物にしていますから、その検査結果はよく報告しました。また、出資金を高めることは組合員意識のバロメーターという位置づけで、これも繰り返し呼びかけを行いました。

班を基礎にした組織運営を築きたいのですが、なかなか簡単にはいきません。牛乳を届けてもお会いできない場合、班長会などにも出席いただけない場合、さらには班会を開いていただけない方が多いというのが現実です。そういう状況を「広報」でカバーしたい。不定期発行でしたが、1971年度から陣容も整えられて毎週発行にしています。これはすごかったなと思います。広報の活動もそのように進化してきます。

〈新聞26〉コープ商品の開発など

●CO-OPマーク商品と洗剤運動

日本生協連は、その頃、コープ（CO-OP）ブランド商品の開発を急ピッチで展開し始めていました。中でもシンボル的なものは洗剤でした。洗濯機の普及にあわせ合成洗剤が急速に普及します。60年代には、アルキルベンゼンスルホン酸ナトリウムが主成分で洗浄力が大きいABS洗剤が主流でした。しかし、廃水中で生分解されず残留し土壌菌を殺したり、下水処理困難など、その頃言われだした洗剤公害の原因となり、手荒れなども言われていました。

それがLAS洗剤（現在もっとも大量に製造されている合成洗剤で、ABS洗剤と異なり、生分解性が優れ環境に与える影響が比較的少なく、人体にも優しいと言われる）に変わり始めた時期です。1970~71年は、「コープソフト」というLAS系から、さらにいち早く高級アルコール系洗剤「コープセフター」を開発、展開し始めた時期でした。

●本醸造しょうゆ開発

体に優しい、環境に優しい洗剤を、一つのシンボリックな商品として普及のテーマに掲げました。加えて食品の分野で、牛乳に次ぐ商品を作りたいと、本醸造醤油の開発を行いました。

コープ商品には、日本生協連が開発する商品と、それぞれの生協が独自に開発する単協（単位生協）のコープ商品があります。組合員代表に一緒に取り組んでいただく商品開発は、「生協は、安心・納得できる商品を一緒に育てる運動」という考え方への理解・共感者を増やす上で、わかりやすいわけです。本醸造しょうゆが組合員参加の単協コープ商品のはしりです。

2　共同購入と「班」の進展

〈新聞27〉酒を醸造元から直買（じきがい）

力を合わせることで、良い牛乳を安く飲む運動の広がり、班長会の開催、さらには班会の呼びかけ、そしてそれらをサポートする広報活動の充実、山口店が開設された１９７０年とその翌年、確実に生協の組合員活動が変化してきました。班を基礎に、幾つかの共同購入を始めていきます。その一つに灯油があります。石油ストーブ用の灯油、当時は必需品でした。個別配達はコストがかかるので、それを班単位で10缶以上まとめてもらうことを呼びかけました。灯油缶に18リットルの灯油を入れて配達、組合員宅でポリ容器などに移し替えるという方法でした。価格にも敏感で、北海道の生協が発表する灯油価格が道内の基準価格になり、全国的にニュースになるという時代でした。一軒一軒に配達ではなくて数軒分を一か所に配達、集金もまとめるという組合員もできることには協力するということが素直に受け入れられていました。

●酒の取扱い免許

牛乳に加え、灯油の共同購入を行う中で、酒の扱いの希望が出されてきましたが、酒類販売は許可制です。国税庁に生協が申請するには、県知事の「組合員以外でも利用できるという員外利用の許可」が必要です。これも認可を得ていません。また、国税庁認可には、酒税は蔵出し税（出荷時に課税）ですので、蔵元が確実に納付するためには、認可も厳格に行うという考え方であったようです。近隣に酒類を扱う店があってはならないとか、申請者の財務内容が良くなければならないとか、認可を得るには非常に難しい状況でした。もちろん、そんな状況ですから認可を得られる可能性すら極めて低い状況にありました。

●メーカーから直接買う

そうした中、横浜の生協で始まった酒造メーカーから直接買う方法、直買（じきがい）と言いました。酒販免許を持たない生協での直買が全国的に展開されるようになり、それを取り入れました。注文用のはがきに各人が注文を書き込み投函する。決められた期日に酒造メーカーが配達する、代金決済もその場で行うという方法でした。生協は、はがき配布と当日の道案内しか行えません。酒が安く買えるということは、当時はあり得ないことでしたから、消費者の中でも話題になり、すごい量の注文があったことを記憶しています。当然のように酒関連業界からはずいぶん敵視されたものでした。

〈新聞28〉班でコープ商品の共同購入

灯油や酒の直買、そのように、班での幾つかの共同購入を始めていきますが、一番取り組みたかったのは、コープ商品の共同購入です。全国で開発したコープ商品、牛乳に次いで本醸造しょうゆの開発、これらを班で共同購入しようという試みを始めます。

●１９７１年３月に共同購入テスト展開

最初は、コープ商品の中で計画的に購入した方が良いもの、あるいは買い物からの持ち帰りに不便な重量物などを選び、班での共同購入を呼びかけました。注文用紙は、回覧で個人別に注文していただける欄を作り、個人別に金額が計算できる形にして、それを次の人に回覧してもらいます。最後に班長か当番の方に、品目別の数量と金額を計算してもらい、その合計欄を転記していただき、それが生協宛の注文書になるという形です。

その注文書を、班別に合計して、商品を揃えて決められた日に配達するという、極めて原始的な共同購入の仕組みです。食用油、しょうゆ、砂糖、マーガリン、バター、チーズ、ラーメン一箱30袋など食品9品目。日用品は洗剤コープセフター、台所洗剤コープKソフト、シャンプー、歯磨き。フロアークリーン、トイレットペーパー、そしてチリ紙、このように17品目が最初の共同購入のリストです。それからしばらく続く、月に2回の共同購入がスタートしました。

〈新聞29〉組合員組織強化で積極策

山口店開設(1970年)を好機に、牛乳の共同購入を開始。班長会の開催、班会の開催呼びかけ、灯油の共同購入、コープレターの発刊、運営委員会の呼びかけ、酒の直買……。

翌年には、班長会の開催で牛乳価格の自主的な決定、コープレターの毎週発行、4月からはコープ商品の共同購入に取り組みます。このように、班という隣近所や職場での組織がつくられ、日常的に活動が取り組まれ、組合員活動は大きく変わってきました。専任部長の配属など、組織部の体制も強化され、さまざまな新しい試みが展開されました。

●組合員による運営をめざして店舗運営委員会組織へ

従来の個人組合員の中の生協理解者が集う家庭会組織から、班を基礎に広範な組合員に呼びかけ選出された委員による運営委員会の組織へ変更。店舗運営へ組合員の声の反映をすることと、組織運営への組合員参加を目指しました。

●食品衛生相談室の開設など多様な参加に

これは山口店の1階の片隅でしたが、保健所職員OBを採用、特に力を入れていた牛乳のテストなどを行えるようにしました。その他にも、小郡町、防府市で牛乳共同購入を開始、初めて組合員代表の参加で本醸造しょうゆを開発、華道などの教室を開始、家計簿グループの活動開始など新しい動きが活発になりました。

コープレターとは別にタブロイド版の機関誌やまぐち生協を発刊、これは後に月間の組合員の声とそれへの回答内容に発展しました。

内部の職員中心でしたが、組合員にも参加を呼びかけ運動会の実施、山口で組合員大会を山口市民会館大ホールで開催しましたが、それにふさわしい動員力もないことから、東京名人会としてプロによる演芸大会を開催して参加者を増やしました。その大会では山口市に桜の苗木を贈るなどを実施しました。

このようにさまざまな取り組みを展開したことは、山口市での活動開始を契機に、生協の存在をもっともっと知ってほしいという強い意志が感じられます。

❷ 新聞連載 70年代積極策

多店舗展開チャレンジ

大型店のオープンで、市民の中に生協が見えるようになりました。それを契機に班組織もでき、組合員組織運営も大きく変わりました。生協運動の拡大を積極的に進める成長期に入っていきます。

〈新聞30〉山口店以降の70年代出店

●山口店でのさまざまな工夫

1970年開設した山口店では、店舗運営委員会、衣料品利用者こんだん会、新組合員かんげい会、といった店舗運営に組合員の声を生かしていく取り組みが始まります。華道、茶道、日曜大工などの文化教室は、登録された組合員で定期的に開催。店内一角に設けた食品衛生相談室。店舗では、阿東町の生活改善グループの農産物の生産者直売は大好評を博しました。

ユニークな取り組みの「店長が組合員の声にお応えします」は、対話形式で店内放送で来店組合員にも従業員にもその内容が伝わるようにしたことなど、生協店舗としてのさまざまな工夫が進みます。また、阿東町生活改善グループの産直野菜コーナーは、毎週開催、新鮮なことから大好評を博しました。

●上山口店開設

山口市内の北側国道9号線沿いに出店。組合員が準備委員会を作っての初の出店は、以降の出店のモデルになりました。（73年12月）

●湯田店開設

同じく山口市内湯田温泉の一角、朝倉口、旧国道沿いのスーパーマーケットの跡を受けて出店。（74年8月）

●小野田店移転新築

駅前の旧小野田生協の施設から移転し、３００坪スーパーマーケットタイプで新築開店。（74年10月）

●西岐波店開設

宇部市西岐波の住宅団地内のスーパーマーケット跡を買い取り、出店。

上山口、湯田と同じ１００坪タイプ。（75年7月）

（76年度は、小郡町、防府市、周南市に3店舗出店）

●八王子店

防府市内2号店として開設。（5月）

●周南店

国道2号線周南バイパス沿いの周南団地に商業用地1000坪が取得でき、出店。周南地域初出店として、地域での期待感は高く、1階300坪、2階100坪の衣料品売り場と駐車場でした。（6月）

●小郡山手店

かねてから組合員の出店要望が強く、組合員と出資金を増やす活動、どのような店にするのかの話し合いなど、さまざまな準備活動が展開され、100坪タイプで出店しました。（7月）

〈新聞31〉70年代、規模拡大と時代背景

生協では、売上高といわずに供給高と言います。これは組合員が利用するために、組合員が共同で取り組む事業であることから売り上げと言わないわけです。その供給高で年間100億円をめざしました。

●出店と供給高推移

こうした出店の結果、組合員数と供給高は順調に推移していきます。

1960年から始まった高度経済成長が続いていました。流通業界は、大手チェーンストアーが大進撃を続けている時代です。73年に大規模小売店舗法（大店法）が制定され、3千平方メートル以上の売り場面積の大型店を出店しようとすると、大規模店舗審議会（大店審）で、

金額単位：百万

西暦年（昭和）	組合員数	班数	供給高	店数	出店
1970（45）	35300	160	988	4	山口店
1971（46）	37568	335	1217		
1972（47）	38818	365	1462		
1973（48）	41057	491	1916	5	上山口店
1974（49）	43058	624	2874	6	湯田、小野田移設
1975（50）	46702	764	3551	7	西岐波
1976（51）	54244	1038	4838	10	八王子、周南、山手
1977（52）	55261	1059	5138	10	防府店移設

開店日、店舗面積、営業時間、休業日数の商業活動の調整が定められました。そのように法律制定がされるような出店が多かった時代です。

生協、農協はこの法律の対象外でした。流通業界に負けじと、生協も規模拡大を急いでいました。１００億円の供給高は大きな目標でした。

●共同購入事業も！

急ピッチな出店展開とあわせて基礎組織の班を増やそうと共同購入事業も進みます。牛乳の共同購入を開始した翌71年、山口市駅通りの米穀店を借用し、共同購入事務所を開設。同年、小郡・防府で牛乳共同購入を開始しました。また、その頃、市内の灯油価格が高い状況を変えたいと長門市の生活学校メンバーが灯油の共同購入を希望してこられました。皆さんの熱意に応え、灯油の配達を開始、その取り組みの中で、班会を開き、コープ商品の共同購入も開始。店舗のない地域での新しい展開です。73年、駅通りの事務所を市内緑町に移設、灯油タンクを設置。共同購入事業を拡大していける基地ができました。

❸ 新聞連載　大騒動オイルショック

〈新聞32〉規模拡大の背景と2大ショック！

●規模拡大を急いだ背景

戦後復興は、１９５０（昭和25）年からの朝鮮戦争特需などもあり急速に進み、神武景気、岩戸景気といわれた好況期を経て、１９６０（昭和35）年岸内閣に替った池田内閣の所得倍増政策の推進。１９６４年の東京五輪開催。これにより三種の神器（テレビ、冷蔵庫、洗濯機）と言われた耐久消費財の普及が進みます。

１９６５年からはいざなぎ景気に入り、１９６８年には国民総生産（ＧＮＰ）が世界第２位になり、東洋の奇跡と言われました。１９７０年大阪万博、設備投資は盛んという中で迎えた１９７０年代、国全体の高度成長の波に乗り遅れないようにというのが生協も出店を急いだ背景です。それより遡って１９６０年代、もう一つの構造転換、エネルギー革命が進みました。

●石炭から石油へ！

石炭に頼っていた燃料が石油に転換されたことが見えてきた時代です。電力、交通機関、工場の原動力などが石油に代わっただけではなく、家庭生活で灯油が欠かせないようになっていましたし、車も普及してきました。石油を原料とした商品があふれてきました。

山口県内での産業面では、１９５７年、出光興産初の製油所として徳山製油所が稼働。製油所では、大型タンカーで運んできた原油を精製してナフサ、ガソリン、ジェット燃料、灯油、軽油、重油などを作って出荷。ナフサはエチレンなどの原料として隣接の徳山工場で製品化されたそうです。周南石油コンビナートと呼ばれました。

●二つのショック

いざなぎ景気は、東京五輪の翌１９６５年10月から１９７０年7月までの57カ月に及ぶ長期景気拡大期でした。そして迎えた１９７０年代、日本は、いや全世界が二つのショックにみまわれます。ニクソンショックとオイルショックです。

わが国の戦後経済の復興発展において、１ドル３６０円の固定相場は大きな要因であったと言われています。それが変動相場に変化します。もう一つはエネルギー革命で石炭に替わった石油の輸入が無くなるのでは、というショッキングな石油原産国をめぐる情勢です。消費生活に大きく関わるショックでした。

〈新聞33〉洗剤、トイレットペーパー消える？

１９７３年11月18日の毎日新聞から転記します。見出しは、「モノ不足の幻影」「開店前から行列」「商品は順調に入荷」「だが値上がり気味」「微妙な消費者心理」と書かれた後のリード部分。「何が主婦を走らせるのか」……十七日、山口市中央三丁目、山口中央生協・コープやまぐち店の入り口に買い物客の長い列ができた。約２００人。早い人は、開店30分前の９時半から並んだ。紙かくしと呼ばれる紙不足を発端に洗剤、砂糖、食用湯……など次々と広がるもの不足の幻影におびえる庶民の顔だ。店側も卸商も品物は決して不足していないというのだが。

以下、本文も小見出しが付いた後、次のように報道しています。

《パニック》

店のシャッターがまだ明け切らないうちに並んでいた主婦やサラリーマンが店内になだれ込んだ。洗剤、チリ紙、食用油、砂糖など目的の売り場に殺到、品物の山は５分―10分間で消えてしまった。生理用品、塩まで売り切れ。

「商品は順調に入荷しています。あわてる必要はありません」との店内放送も効果はゼロ。一人一個・一袋限りとのはり紙も目に入らないのか、両手いっぱいにチリ紙をかかえる主婦、奪うように洗剤の箱を握るサラリーマン。整理の店員はあきれ顔だ。

《品物はある》

同店の話では、紙類の入荷は今まで通り。昨年の販売実績より20～30％多く入っている。トイレットペーパーなら……以下略。

《主婦の気持ち》

立ち並ぶ主婦たちは「ものがあることは知っている。しかし近所の店に品物がないため並ぶほかない」「もうすぐ値が上がるというので今のうち買おうと思った。新聞に盛んにもの不足の記事が出ていたじゃあありませんか」と口をそろえる。「私たちが買い回れば本当に不足し、値が上がることは知っている。でも差し迫っている」と微妙な消費者心理を訴える。

他紙も同じ日、同様な記事を掲載しています。これがオイルショックを受けて消費者不安から関西で始まった買いだめパニックが山口へ伝播した状況です。

〈新聞34〉ささやかな生活防衛

大パニックに日本中が陥ったのです。今思えば笑えるような事象です。当時の世相を振り返ってみると、ムリもないとも思うのは身びいき過ぎるでしょうか？

●1973年どんな年？かを整理します。

1970年大阪万博の翌71年にニクソンショック、72年から為替相場が変動性に変わります。1ドル360円の時代が終わりました。1972年7月に佐藤栄作内閣から田中角栄内閣に替りますが、自民党総裁選挙前に発表した田中氏の日本列島改造論に触発されて不動産ブームが起き地価が上昇しました。この影響で1973春には物価高が社会問題化します。

そこへ1973年10月に中東戦争が勃発、11月にはOPECが原油値上げ、さらにアラブ輸出国機構がアメリカ等への石油禁輸発表。簡単にいえば、円高が進む、石油はどうなるの？と生活防衛へ消費者の心配が非常に高まったわけです。

●石油が入らなくなったら？

車の燃料だけではなく、電力も工場の稼働も主なエネルギー減は石油です。暮らしの商品の原料にも使われています。

今考えれば、どうして砂糖までがと思うわけですが、列島改造ブームにわくインフレを実感している庶民にとって、「石油が上がれば絶対に価格が上がる、その前に少しでも買っておきたい」というささやかな家計防衛本能だったのです。

●買いだめしたくなりそう

1973年11月30日の朝日新聞、県内の消費者物価「9月でさえこの高騰」の記事を要約します。「県統計課・9月分の県内の消費者物価指数を発表。8月から1月間で約3・5％、昨年9月に比べると、15・5％もの異常な高騰を示している。買いだめ騒ぎが起こる前の調査でさえこの異常ぶりだから、10、11月はさらに高くなる見込みだ。」

この買いだめパニックは、やがて沈静化しますが、巷には、踊らされた消費者ということばがあふれました。

④ 新聞連載 基礎組織があっての運動展開

●オイルショックを教訓に

1973年は、コープやまぐち（山口中央生協）が創立10周年で、県消費者大会を開催しました。800名参加で有識者の意見などを聞き、今こそ消費者運動に力を発揮すべきと意気込んだ直後に買いだめパニック（新聞33・34）が発生しました。

〈新聞35〉10周年記念式典を、県消費者大会として

11月12日山口市民会館大ホールで、生協法制定25周年、山口中央生協創立10周年記念式典を開催。橋本正之知事（当時）から祝辞が述べられ、「県の生協運動への支援をいただいた」として、灘神戸生協次家幸徳組合長に感謝状が贈られた。

その、創立10周年を生協大会と言わないで、消費者大会としたことに、生協としてこれから消費者運動を展開していくという意気込みが感じられます。6会場六つの分科会を持ち、その後式典と全体会を開催。800名の参加でした。分科会のテーマ、主な助言者、参加者数などを見ていくと、インフレ社会、物価問題が大きな関心ごとであったこと、そして公害問題が言

われていた時期でもあり、食品の安全性への参加者数が大きいのが特徴です。

全体集会は、市民会館大ホールで行った。800名の参加で「県消費者大会に参加した私たちは、安心した消費社会を送れる地域社会を作るため、広く県内の消費者にくらしと健康を守る活動への参加を呼びかけ……」という大会宣言を採択し消費者活動への決意を確認しました。

〈新聞36〉踊らされる消費者にならないために！

消費者大会直後、11月関西方面で始まった買いだめ騒動が山口県に伝播しました。この時ほど、新聞、テレビ、週刊誌、月刊雑誌なども含めて、消費者問題が報道されたことはなかったのではないかと思います。

●消費者問題の論調

パニック後の論調は「消費者は冷静になれ」というものが多かったように思いますし、「消費者が馬鹿だから」といった論調もありました。また「それまでの賢い消費者づくりではダメだ、もっと組織間のつながりを作り情報を交換して行動する消費者にならねば」というような論調が多かったように思います。

●初のテレビ出演

私自身もはじめてテレビ出演の機会をいただきました。KRY山口放送のスタジオで「買いだめパニックをどう見るのか」といった趣旨の報道番組でした。

私は、買いだめの対象となった商品について、

イ　資源の減少等の理由で生産が減っているもの

ロ　値上げがネライの売り惜しみ、ないしは生産・流通量の操作

ハ　消費者の買いだめが原因のモノ

に分類できると話したように思い返しています。

●消費者運動あまりに無力

また、生協部内報（1973年12月）に、私が書いた文を要約します。

「11月14日頃から関西、九州で起きたパニックが飛び火。洗剤、紙類、砂糖、小麦粉、食塩等15～17品目に及ぶ買いだめが進んだ。開店前から長蛇の列という異常な風景も20日過ぎに一段落。業界やマスコミの一部からは、消費者が馬鹿だからと、しかし、背景は物価上昇が深刻な状況であること、政府から出された節約令が不安感を生み出したのではなかろうか。原因には、本当に生産が減少しているもの、値上げ狙いの売り惜しみや生産流通量の操作、買いだめと三つが考えられる。そうした騒動に対する消費者運動、あまりに無力であったと言えるかもしれません。」

創立10周年で、800人参加で県消費者大会を行った直後の石油パニック・買いだめ騒ぎ、消費者運動しっかりしろとの識者の意見、生協今踏ん張りどころ、「何とかしなければ！」そんな気風に満ちていたように思います。

〈新聞37〉狂乱物価に対する消費者運動を！

●物価狂乱と言われた時代

買いだめ騒動は一時的ではなく、むしろ狂乱物価への〝入口〟であったのかもしれません。そもそもは日本列島改造に端を発した株価、地価、卸売物価の高騰が始まっていたところに、中東戦争の勃発で起きた石油ショック。この二つが重なり生活防衛本能とあいまっての買いだめ騒ぎでした。

●消費者運動を強めよ！

マスコミでは消費者の軽率な行動という論調も見られました。一方で有識者の消費者運動への提言が見られました。中でも、団体間の情報交換や連携を進めるべきという助言に、私たちは今こそ頑張り時と受け止めていました。まさに消費者運動が頑張らなければならない時勢で、山口県内の消費者運動はどのように進められたのでしょうか？

●どうする家庭燃料

11月下旬。紙類、洗剤の品薄商品確保に目を奪われているうちに、灯油の品薄状況が発生しました。生協では、緊急班長会を開催。実情の報告と対策が話し合われました。その足で代表が県庁へ陳情、さらに後日、広島通産局へ要請行動を行いました。

他方で、生協から他団体に呼びかけて、消費者集会を開く準備を進めました。73年12月17日、

「灯油問題を中心に家庭燃料を考える山口県消費者集会」には、県内の消費者・婦人団体6団体200名が山口市民会館に集いました。

●消費者団体が総結集は初！

全国紙は、見出し「消費者よ　団結しよう……」に続くリード部分で次のように報道しています。

山口中央生協の呼びかけで、県連合婦人会や県生協連、生活学校、農・漁協婦人部など、県下の消費者団体が結集、17日午前10時から、山口市民会館で「灯油を中心に家庭燃料を考える県消費者集会を」を開いた。厳寒期の中で、異常な値上がりと品不足が目立つ灯油、LPガスなど家庭燃料の実態を出し合い、必要量の確保を行政、業界に求める世論作りが目的で、消費者団体が総結集したのは、県内でこれが初めて。（読売新聞山口版）

この経験が各団体との連携を強める方向に発展していきます。

〈新聞38〉狂乱物価に総力あげて対峙！

●狂乱物価の中で価格凍結！

74年に入り、時間が経つにつれて、「石油ショックに便乗しての在庫隠し、売り惜しみ、便乗値上げなど」が明らかになってきました。消費者運動を強めることに加え、生協の事業面での奮闘も期待されていました。それにしても、今にしても思い切った策。取扱全品目の価格凍結です。

74年3月6日、朝日新聞山口版は全面的にその記事。「狂乱物価に挑戦しよう」の見出しです。メーカーなどの妨害は明るみにして対決という山口中央生協金子光皓専務の談話が掲載され、コラムでは県内の生協の紹介や消費者運動への案内があり、全面的な支援でした。

●なぜ価格凍結を？

当時の内部資料を見てみましょう。「昨年の石油ショックからの値上げ攻勢、駆け込み値上げが続いており、さらに原油値上げに伴う石油製品の二次値上げが言われ始めた。昨年のように一挙に全商品の値上げが実施されたら消費者はたまりません。生協として、これ以上の値上げは許せないという、値上げ予想に対する先制攻撃として全商品の価格凍結を実施します」と意気軒高です。

通産省、農林省も物価抑制の具体策として、標準価格の設定と、１５９品目の3月15日時点での価格凍結の指導を行い始めました。その国の政策に先立っての、地方の一生協の狂乱物価に対峙するという勢い込んだ事業方針でした。

●物価値上げを抑える運動

県知事あてには「物価値上げを抑える陳情署名」を狂乱物価に対する消費者の意思表示として取り組み、4月22日「物価値上げを抑える組合員集会」を山口市民会館で開催しました。残念ながら「価格凍結の全面的な継続は断念する」発表と、それ以降の運動を提起する集会になりました。価格凍結は修正するものの物価値上げ反対の運動の一環として県庁までデモ行進をしました。消費者運動への期待を背景に、生協今こそ頑張らねばという気概だけは高かったように思います。そして地方の一生協が無謀ともいえる全商品の価格凍結を打ち出し、署名運動に取り組んでいる。「これは応援しよう」という広範な人たちの支持があったと思えます。

〈新聞39〉県も特定物資緊急対策本部を設置

74年4月22日の集会の後、署名活動を進め、5月17日には県に提出します。県も、石油ショック以来の騒動の中から、知事を本部長とする特定物資緊急対策本部を立ち上げ、流通対策に関与する姿勢を強めていました。

●署名添えて県に物価抑制を

その県の対策本部（事務局は流通対策課）に村田正巳常務理事と組合員代表十三人が訪れました。県流通対策課に事務局を置く特定物資緊急対策本部、森永元一事務局長に物価抑制陳情署名を手渡し、県や市町村が関係している公共料金の値上げをしないこと、農水産物の流通の合理化をはかること、国に物価安定の政策を強く求めることなどを申し入れました。署名は、前年からの異常な物価上昇で県民が深刻な危機に追い込まれている。消費生活の安定のため物価抑制の措置をとるよう強く要望するという内容で、橋本正之知事（当時）にあてたものです。

1万7036名の署名について、村田常務理事は「わずか一か月でこれだけ多くの署名があったことは、どれほど県民が物価問題に頭を痛めているかを示すものだ。県民代表の声として県は真剣に物価対策に取り組んでほしい」と申し入れました。

これに対し森永事務局長は、県は小売り、卸業者などを通じて物価安定に努力している。また中国電力の値上げについては国に対し値上げ幅をできるだけ小さくするように要望するなど県の意向を回答。今後も行政が先取りする姿勢で、物価対策に取り組むとの答えは、物価問題、流通問題が新たな政策課題になっているという県行政の認識を示されたものだと言えましょう。

●行動する消費者運動への期待

パニック後、消費者運動へは識者からの応援も多く、その中で、それまでの「賢い消費者になるための勉強という学習スタイル」ではなく、これからは、「消費者団体の育成と、団体相互の情報交換等ができる組織間連携、そしてその上で、要望し、行動する消費者になることが必要」といった意見が多くみられました。生協はそういう消費者運動の中心の役目を果たしたい……意気込みはますます盛んになります。

〈新聞40〉食糧をテーマにしっかり学んで、発言できる消費者に

狂乱物価に対してそれなりに役目を果たしているという自負もあったのでしょう。「山口県の消費者運動の前進のために役割を発揮したい」という意気込みの中で、家庭燃料を考える消費者集会をもっと発展させていくことが、その方法の一つだと考えたものです。時を同じくし

て食糧問題がクローズアップされてきました。これは燃料に並んで、いや燃料以上に台所に直結するテーマです。

●戦前からの食糧政策

食糧管理法という法律をご存じない方も増えてきていると思いますので簡単に説明します。

1921(大正10)年、米騒動がありました。さらに第一次大戦後の不安定な米穀事情を受けて、政府による管理を行う米穀法が制定され、以来、3度の改正が行われ、1942(昭和17)年戦時中の統制も目的に食糧管理法として制定されました。

●戦後の食糧ひっ迫対策

戦後の食糧不足は深刻を極め、1945(昭和20)年2月食糧緊急措置令が、3月には物価統制令が施行されました。1947～49年と3年連続して食糧管理法の改正が行われていることにそのすさまじさが表れています。1952年改正で、生産者米価と消費者米価の二重価格制が採用され、勤労者の賃金を勘案して生産者米価を決定するようになります。これが生産力向上にもつながりますが、食管会計の赤字を引き起こします。

●コメ余り時代に入り

1967(昭和42)年コメの自給率が100%を突破してからは、過剰米(コメ余り)が出始めました。そして1969年、消費者の嗜好も考慮して自主流通米制度が発足、同時に減反政策が開始され、続いて1972年標準価格米制度ができました。

●米についての消費者集会を

１９７３年、石油ショックの影響もあったのでしょう食糧安全保障に対する意識の高まりで、再び生産者米価が引き上げられ、古米の在庫や食管赤字が増加しているという状況でした。消費者はどのように考えればよいのか？　しっかり学び、発信できなければ消費者運動として主張もできません。県農協中央会と相談しながら、お米についての集会を企画しました。

〈新聞41〉生協主催、農協中央会後援で米価集会

コメについての政策が大きく変化してきていました。不足していた生産量が国内需給１００％になったこと、余剰米が生まれるようになったこと、全量買い上げの制度であったものが自主流通米が認められたこと、価格統制が適用されず標準価格米制度ができたことなどです。制度のことをしっかり学ばなければ運動にもならないということだったと思います。いくつかの団体と相談しながら、生協主催、農協中央会後援という形で消費者米価を考える集会を山口市民会館小ホールで開きました。

毎年の米価決定に対して米価審議会が開かれ、生産者団体は高い価格を消費者団体は低い価格になるように陳情するのも、毎年の風物詩でした。１９７４年8月、米価審議会で消費者米価32％の引き上げが答申されました。その後の集会です。

●消費者集会の開催

集会には、生協組合員、農協婦人部、連合婦人会会員、生活学校、母親大会メンバーら270人が集いました。

農協中央会、県、農林省山口食糧事務所などの専門家もパネラーに招いての学習と、知事あて要望書を採択しました。

要望書には「1将来にわたって安定的な供給、2商品投機の対象にできないような管理継続、3超インフレの今年は、消費者米価改定を避けてほしい、4標準価格米の量の確保と品質の改善、5精米年月日の記入など品質維持できる管理」の5項目を記しています。

新聞報道より各紙の見出しを抜粋します。

○値上げ許せぬ、コメは物価の原点（読売）
○米価上げるな（朝日）
○米価値上げ抑えて田中首相あて電報（毎日）
○安定供給図れ（中国）
○米価へ怒り爆発、首相あて抗議のはがき戦術（山口）
○消費者米価を考える集会……消費・生産者が協力（防長）

このような報道も追い風に、家庭燃料集会、物価値上げを抑えて集会、消費者米価を考える集会と積み重ねることで団体間の連携も深まってきました。

〈新聞42〉県消費者団体の連絡協設立へ

石油パニックで大騒動したことを起点とするこうした流れには、山口県内における消費者の運動が確実に進んでいくことが見てとれます。県も緊急対策本部の立ち上げなどを進めますが、消費者運動への対応策も必要になっていたと思われます。

家庭燃料を考える集会の共催や、米価を考える集会に各団体が参加するなど、石油ショックと買いだめ騒動の後の消費者運動の高まりは、運動が形を変えてきたこと、団体間連携へそれぞれが前向きになっていく様子が反映しています。

「石油ショックに便乗したモノ隠しや、流通操作などがあったこと」が国会でも取り上げられ、マスコミ報道も続くという世相は、消費者団体間の連携へ機運の高まりを後押ししました。

●マスコミ報道も後押し

これらの取り組みでは集会を呼びかけた生協も、消費者運動を盛り上げるために団体間の連携が進むことを積極的に世論にアピールしていくという姿勢でした。そしてそれをマスコミ報道が後押ししようとしていた感じがします。それだけ大きな社会的な問題であったからでしょう。

●県消費生活センターでの消団連設立への協議

私の主観ですが、行政施策としても消費者団体の育成は急務と考えられたのだと思います。

その頃の、県の消費生活センター所長　川村博氏は、団体間の連絡協議会を作ることに協力的で積極的に後押しいただきました。

私も幾度も消費生活センターでの消団連設立へ向けての会議に参加したことを記憶しています。団体間の調整ですから、なかなか進まない状況も生まれます。そうした中、私が「いったん、消費生活センターの運営協議会を作り、そこでの持続的な協議にしたら……」というような発言をしたことがあります。すると、川村消費生活センター長が「生協さん、えらく弱気になってきたじゃあないですか。そんなことではなく……」とたしなめられたことを今も断片的に記憶しています。

〈新聞43〉9団体で設立総会、代表幹事は婦人会、事務局長を生協

そうした中で、団体間の協力の具体例として小郡町消費者団体連絡会（以下消団連）が結成されました。時代の流れでもあり、各団体も持ち帰り協議を進め、消団連発足への足並みがそろいました。

準備の会議を積み重ね、設立趣意書、規約、代表幹事を置くことなど確認され、発足記念大会を開催すること、そこで初年度の事業計画を確認すること、記念講演会を開くことなどを確認して発足記念大会の開催にこぎつけます。山口市民会館での設立総会は１９７５年10月21日、初代代表幹事には連合婦人会から萩市の末永梅尾氏が就任しました。生協からは私が準備段階

から参加しており事務局長に就かせていただき、基調報告をさせていただきました。
記念して東京・下馬の生協で女性専務理事として活躍されていた竹井二三子氏に、「今後の消費者運動の進め方について」と題した講演をいただきました。

設立趣意書抜粋

私たちをとりまく社会的、経済的な環境は、物価高に加え、欠陥、有害商品の横行、環境汚染など、消費者利益を阻害する様々な問題が発生しています。このような厳しい情勢に対処し、真に豊かな消費生活の実現を図るためには、まず消費者自身が受動的に保護されることを期待する前に、自らの権利を認識し、自らを守って行くことが、もっとも肝要であると思います。

さらに、消費者問題をより効果的に解決するためには、一人一人の小さな力を結集し、より大きな力となって、社会的に解決していかねばならないと思います。

この会は、以上のような認識に立って、消費者の利益を守るという共通の問題について、関係団体が有機的な連絡協調をはかるとともに、自主的かつ合理的に行動することにより、県民の消費生活の向上をはかることを目的として発足するものであります。

（以下略・新聞44号も略）

第3章／経営危機

山口中央生協

減量経営で体質強化を

不採算部門は新会

5店舗売却の衝撃

執行部が新計画

総代会、激しい突き

5店舗の事業縮小などを報じた新聞各紙（1983年5月）

前章の運動展開での社会的支持も背景に1977年まで急速出店。「会社の寿命は30年」と、日経ビジネスが1983（昭和58）年に唱えた頃、コープやまぐちは創業から20年。1977年までの成長期から一転して、弱点修正にあえいでいました。

生協の本来のあり方、「運動体である生協は、組織を作り事業を展開するというのが原則的な進め方」ですが、事業が先行しての組織づくりという進め方で無理があっただけでなく、事業経営のあり方としても原則を離れていたのかもしれません。つまり、高度成長の波に乗ると、流通革新のかけ声で進んでいる流通業界の競争に後れを取りたくない意識が先行し、11店舗以上、100億円の年間供給（売上）高をめざすという急速拡大成長路線は、「1店舗1店舗黒字にしていく営みを続け、その力で運営ノウハウや商品力を身に付けていく」というオーソドックスな拡大路線ではありませんでした。

そうした面から、収益体質、財務、商品力、運営力、人材育成等に無理が表面化してきます。

その危機はどのように表れ、どのように克服策が進んだのか！

❶ 新聞連載 危機前・急速出店

●経営危機前夜・社会的支持も背景に事業拡大〜成長期の到達点

１９７０（昭和45）年、コープやまぐち山口店開設を契機に、班という組合員の小グループづくりを進めたことで、石油ショックをきっかけにした消費者運動を進めていく力もできてきました。

その運動で、世論の支持も受けたことも追い風として、店舗展開を急ピッチで進めました。急速展開が一段落した１９７７年はどのような到達点であったのかを見てみます。

〈新聞45〉成長期の7年間・年次別概要

山口店を開設した70年からの3年間は、組合員組織のあり方や、運動が強化された時期です。その母体になる班組織が形成され始め、共同購入の基礎基盤ができてきました。その班組織ができることを運動推進の力にしながら、１９７３年から出店が急ピッチで始まります。４年間で7店出店しました。

成長期の年次別推移

金額単位：百万

西暦年（昭和）	組合員数	班数	供給高	店数	出店	共同購入	出来事と運動
1970（45）	35300	160	988	4	山口店	牛乳開始	
1971（46）	37568	335	1217			共同購入開始	為替変動相場制
1972（47）	38818	365	1462				
1973（48）	41057	491	1916	5	上山口店	山口センター設置	石油危機、買いだめ騒動
1974（49）	43058	624	2874	6	湯田、小野田移設		価格凍結、物価安定運動
1975（50）	46702	764	3551	7	西岐波		消団連設立
1976（51）	54244	1038	4838	10	八王子、周南、山手		
1977（52）	55261	1059	5138	10	防府店移設		

●組織、運動、事業の好循環

表を参照ください。年間供給高10億円に満たなかった生協が、組織基盤の広がりに努力しています。インフレ傾向の中で供給高も伸びています。そこへ、1971年ニクソンショックで、固定相場で1ドル360円であった為替が変動相場制に替わります。

1973年には石油ショック、世の中も混乱しましたが、買いだめ騒動を経験したことから、消費者運動強化に取り組んでいき、県消費者団体連絡協議会の設立などにも役割発揮をしました。組織づくり、消費者運動の展開、社会的支持がうまくリンクした時期です。そうしたことを背景に、出店にも弾みがついたことが、この表に表れています。

〈新聞46〉年間供給百億円をめざす成長期は流通業界の大変革期

コープやまぐちの歴史を区切る意味で１９７０年から77年を成長期とした１９７７年当時はどのような世の中であったのでしょうか。

●産業界構造変化、次は流通

１９７３年為替の変動相場制移行、石油ショックの試練を経て、産業界は鉄鋼、造船、化学などの重工業が復活、さらに主要輸出品が家電、自動車へと移行し、70年代後半から経常黒字が激増。わが国経済が絶頂期に入っていく時期と言えます。

そうした時代に流通業の近代化の必要性が大きな課題になっていました。通産省主導で流通業の近代化が叫ばれ始めていました。理論的支柱が、東京大学の林周二氏、学習院大学の田島義博氏で、『流通革命』（林周二著、中央公論社　１９６２年）という書籍にまとめられています。流通業界では時は同じく１９６２年、アメリカで生まれ育ったチェーンストア理論を、日本の小売企業に普及させるために経営コンサルタントの渥美俊一氏が主宰したチェーンストア経営研究団体「ペガサスクラブ」がスタートしています。

●業界は大成長へ地盤固め

当時、30代の若手経営者であったダイエーの中内功氏ほか、イトーヨーカ堂、ジャスコ、ニチイ、ヨークベニマル、ユニー、イズミヤなど日本の小売業を代表する企業の創業者メンバーが渥美氏の指導を受け、自社の経営を通じ、チェーンストアモデル確立に取り組まれた時代です。渥美氏は、「日本のチェーンストアモデルの進展は、大きく2期に分かれる。1期は地盤固めの時期。すなわち、多店舗展開のメリットを享受するためにも、最低限11店以上の出店を早々に目指すことが重要、100店以上でスケールメリットが享受できる」と言われ、全国で陣地取りが競われていた時代でした。

●1975年中期計画

そうした業界の影響も受け、コープやまぐちも1975年に中期計画を立て、「出店で二ケタ店舗。年間供給高100億円を目指す」と、内部の意欲は高く、それが1976年小郡山手店、八王子店、周南店の3店舗出店という積極策になりました。

〈新聞47〉消費者運動参加へ班組織が基礎

詳しく述べてきました石油ショックと狂乱物価、それに対峙した消費者運動、その力は班（組合員の小グループ）組織づくりで、組織の基礎力が強まってきていたことにありました。

●運動を活発化できた話し合いの積み重ね

1970年山口店開設の年に始めた牛乳の共同購入、灯油や酒、そしてコープ商品などの扱いを加えていきました。その進め方を班長会で提起し、班会を開いて自分たちの取り組みを決めてもらう、そういう話し合いを積み重ねた基礎組織の広がりが76年初めて千班を超えました。

その特徴は、日常的なつながりの上で話しあえる関係であること、そこで学びあえることにあります。つまり、毎日のようにあるいは週に何回か顔を合わす付き合いが基礎にあり、そのメンバーで班会という話し合いの場を持つわけです。そして班長会で運営委員の選出などが進められるようになりました。出店の準備委員などものようにして選出が行われます。

言ってみれば班は、ふだんのお付き合いを基礎に、生活の問題、コープの問題などを話し合う学びの場であり、生協を運営する基礎組織に育ってきました。

●班での話し合いを進めた組織係という制度

品不足、価格改定、そんなことに敏感な主婦たちにとって井戸端会議の延長の班会は楽しい場でもありました。そこへ生協から出席して、その時々のテーマを説明したり、コープ商品などのテストや説明をしたり、店舗や共同購入についての意見を聞いて帰る、そしてその結果をまたお返しするという役目が大切です。

その役目を担ったのが、半常勤の組合員からなる組織係と呼称された主婦でした。そういう役目を担う人があって、全体で盛り上がっていく消費者運動と組合員組織を近づけていくことが可能だったのです。消費者運動を活発にできる力は、班組織にありましたと言えるのは、そういう地道な活動を支える力があったから成り立ったのです。

そういう組織づくりの広がりは消費者運動を支え、それが社会的な支持を受けることで、この機会に事業を拡大したいという流れで出店へのパワーにもつながりました。

〈新聞48〉全国的な生協成長へ60年代に種まき

コープやまぐち成長期の１９７０〜77年の頃、全国の生協運動も伸びる時期でした。それには、60年代からの次の要素が幸いしたと考えられます。

●店舗のスーパーマーケット化

神戸で１９５７年スタート。生協にふさわしいスーパーマーケット建設を進めていくとし、１９６３年には11店舗を達成。全国の生協にも刺激をあたえました。

●班を基礎組織とする

繰り返し説明してきた山形県鶴岡生協での班組織づくり。鶴岡生協が総代会で「班は生協の基礎組織」と位置付けたのが１９６１年。日本生協連は、全国の生協に、普及を呼びかけました。

●コープ商品の開発

１９６０年にバターやみかん缶詰、テトロン製ワイシャツが最初の商品として開発された。当初は「メーカー名」と「ＣＯＯＰ」を併記しました。小売業のプライベートブランドはほとんど存在していない時代でした。１９６１年以降、洗剤や台所洗剤のプライベートブランド化では、管理価格や公害問題への対応も必要となりました。

●大学生協の地域生協支援

そうした中、大学生協連の地域生協の設立を支援する方針を受けて、各地で設立支援（年次は設立総会）が進みました。

1964年、京都洛北生協（現京都生協）設立を同志社大生協が支援。

1965年、札幌市民生協を北大生協。所沢生協を埼玉大生協が支援。

1969年、名古屋勤労市民生協を名大生協。盛岡市民生協を岩手大生協。宮城県民生協を東北大生協がそれぞれ支援。こうした流れが1970年代の全国的な成長につながっていきます。

●コープやまぐちも積極策

1960年代はこのように、スーパーマーケット化、班組織の具体化、コープ商品の誕生、大学生協が支援しての各地での地域生協の誕生などが進められ、それらが1970年代にコープやまぐちも、流通業界の状況に遅れてはならないと意欲的に積極策をとっていくことにつながりました。

〈新聞49〉この時期のわが身は

コープやまぐちの成長期（1970～77年）の私自身を振り返らせてもらいます。1978年が30歳ですから、20代でした。まず、生協は、業界の状況、生協の全国的な状況の中で出店を急いでいました。そして、班組織ができ始め、石油パニックなどの状況の中で消費者運動に取り組んできました。

●20代、幅広く仕事

入協1年目神戸の研修、2年目山口店開設、同時に組織部に配属。牛乳配達しながら、その事業をベースに共同購入に着手することに関わりました。酒の直買も、灯油も、そして月に2回のコープ商品を中心とした共同購入も、開始から最初の企画、運営に関わり、配達にも当然出て行きます。一方で班長会や班会、運営委員会などの企画、資料作り、広報の仕事、そして消費者運動の推進、他団体との折衝から消費者団体連絡協議会の設立など、もちろん組織部スタッフに助けられてですが、幅広く仕事をさせていただきました。

思いだけは強いものの、未熟な力しかないのに、先輩方からは、よく任せてもらったものだと今もって感謝です。

●出店準備の活動と不合格だった店舗の仕事

1973年上山口店、1974年湯田店、小野田店、1975年西岐波店の準備活動は組織部の立場で関わりました。出店準備の組合員獲得や準備委員会を作っての店舗への要望などを出してもらい、内部検討に回すような仕事でした。

1976年度は、防府八王子店、周南店、小郡山手店と3店舗出店した年です。周南店準備の段階、1975年に店舗配属になりました。頭でっかちになりすぎをいさめ、現場でしっかり役立つ仕事を経験させようという親心での配属だったのでしょう。

出店準備段階から、組合員獲得に限らずさまざまな業務に携わらせてもらったのも得難い経験でした。しかし、店長補佐の1年、店長としての1年、具体的な成果が出せず、今考えても、せっかくの仕事チャンスに応えきれなかった悔しさ、申し訳なさを感じます。28歳までは合格点、29、30歳は自己評価も大きなマイナス点でした。

新聞連載　急成長の破たんと倒産回避

●混迷期―成長期の弱点修正を図るも

1976年周南店の出店では計画通りの供給が確保できませんでした。加えて、10店舗以上、100億円を目指して拡張を続けましたが、10店舗になった店舗事業は収益が確保できません。立て直しが急務になってきました。

〈新聞50〉規模拡大で問題は解決しない！

事業拡大は内部運営を充実させながら進めるのがオーソドックスな方法ですが、成長期の急速な拡大ですから、「規模拡大で実力も身についてくる」という考え方でもあったのです。

●職員力、商品力と供給力

職員組織と業務を執行する能力、ノウハウは、1店1店を黒字化する営みの中で、個人の力がつき、組織的な力がついてくるものだと言えますが、出店を急ぐと不十分さは否めません。商品調達力、その商品を供給する力、サービス力や店舗を運営する力、そういう力をつけつつ店舗拡大を続けていくことができていなかったことが収益面で弱点になってきました。

●財務力（資金力）

加えて、財務力です。事業収益を高めてその力で自己資本を充実させていくのではなく、借入金に頼った投資でした。もちろん、組合員出資金を高める取り組みはしますが、その割合は低く、出資に安心感を持ってもらうために毎年配当することを必要としていました。

そのためには黒字決算が欠かせません。多少無理な決算もしてきました。例えば、出店時に臨時にかかる費用は、税法では開業費として繰延資産にすることが認められています。翌年から数年かけて費用として処理する方法です。そうしないで開業の年に全部費用にすることもできます。後々のことを思えば、その時に費用として処理すべきなのですが、そういう決算はできませんでした。

●収益力を高めねば！

そうした弱点を持った状況をどのように変えていくかが急務でした。収益力を高めることが不可欠です。「内部努力だけでは難しい」　理事長の藤村は、コンサルタントへの指導に依頼する道を探ります。

〈新聞51〉日本マーケティングセンターの指導

１９７５年の中期計画（75年中計）にそって、１９７６年で10店舗になりました。しかし新店も計画通りいかない、既存店も力を分散したことで収益力改善が待ったなしの状況になりました。理事長の藤村は、懇意にしていた熊本県水俣にある水光社生協がコンサル契約していた会社を紹介され、その成果を聞き、活路を求めました。

日本マーケティングセンター（ＮＭＣ、現・株式会社船井総合研究所）の全面的な指導を受ける契約は１９７８年。11月から調査に入ったＮＭＣのチームから、１９７９年1月中期3カ年計画が提案されました。

●心機一転を求めるＮＭＣ中期計画

組織診断を経て、ＮＭＣより提案された中期計画案の冒頭文書を要約します。「理事長とＮＭＣ船井社長で、経営指導の基本方針を定め中期計画立案に合意した。両トップの積極拡大の意図を実現すべく調査したが結論は大きく変わった。現状を知れば知るほど、当初の意図通りの計画は危険が伴い実行不可能に陥る結果が予測される。この計画は、基本的に過去のマイナス面を一掃し、今後の基礎作りを行うという性格である」と述べています。

提案は、１９７５年からの中期計画の失敗の内部分析を引用しながら「すべての面で力量不足」と結論付けています。そして、その克服のためにもトップ以下全員の心機一転を求め、さらに全職員の参画と、ＮＭＣの指導でその克服を掲げています。

●ＮＭＣ中計3カ年の目標

計画は、「債務超過2億円を指摘した上で、計画3年間で、黒字を出して不良資産を解消し、債務超過を解消する」という組立てで、財務・人事・教育・営業強化・出店計画などの総合対策でした。

初年度、徹底した専門家集団作りと１００億体制への挑戦・顧客志向と競合に勝つ対策のマスター。

２年度、人材育成の本格化、各店舗別戦略の徹底、売り場単位の充実策の実施。

３年度の内容はここでは省きますが、計画を完了させるという骨格でした。

全職員が参加する計画発表の場も開催され、専門家による具体的な業務指導は大きな期待を抱かせました。

〈新聞52〉栗崎総合企画室長の奮闘

●力量不足の解消の取り組み

日本マーケティングセンター（ＮＭＣ）の指導が始まった１９７９年度、ＮＭＣ側は７名のコンサルタントを配置させ、12のプロジェクトを組んで、教育と事業改革を同時に進めるさまざまな改革がスタートしました。課題をもう一度見てみますと、

☆来店組合員志向の確立と競合店に勝つ対策のマスター　☆徹底した専門家集団作り　☆店舗運営に必要な基本的技術と営業活動の基本的システムマスターの幹部教育　☆商品部強化　☆人事制度起案などです。

その方針に沿って臨店と実績に基づく指導が開始され、商品部強化では、食品・衣料、住関

連の3人のコンサルが会議と現場での指導を行い、仕入、品揃え、販売、管理技術など、小売業に必要なことをすべて教えなおすレベルでの取り組みでした。業績を見ながら現場の実践力を上げていこうという取り組みでしたから、次第に指導を受ける側の目の色も変わってきました。

●生協の側の窓口

それらのプロジェクトが並行して進行していきます。その進行全体の把握とＮＭＣとの総合窓口を担ったのが、栗崎勇二総合企画室長でした。

債務超過に陥った企業を、業績を回復させることで健全化する計画です。そのため業務改革を行うことで、人材育成・能力開発を行い、その力で業績を上げていこうという、鶏が先か卵が先かくらいに、能力開発と業績改善をリンクさせた計画なのです。組織全体がキリキリするような緊張した状態であったと記憶しています。

●宮野店のオープン

ＮＭＣ指導の改革が進む中、11月に宮野店をオープンさせます。開発も総合企画で担当しましたから超人的な忙しさだったと思います。この当時の生協立て直しの活躍はまさに八面六臂(ろっぴ)でした。

残念ながら彼は、後に常務理事を務め、専務に昇任を目前にして不帰の人となってしまいましたが、そのことはまた触れることができると思います。いずれにしても、ＮＭＣの指導で業務改革は進み始めました。また、その年に開店した宮野の成功は大きな喜びでした。

〈新聞53〉ＮＭＣ時期の私と共同購入事業

●周南店ふがいない結果

１９７６年の周南店準備から開店後の仕事は散々な業績で、立て直しが必要な展開となり、78年日本マーケティングセンター（ＮＭＣ）の調査、１９７９年からＮＭＣ中期計画へと進みました。そのタイミングで私は周南店から再び本部での仕事、１年間組織部の後、79年共同購入部の部長として共同購入の仕事に専任できることになりました。

●共同購入事業の推移

１９７０年の牛乳を皮切りに、月2回のコープ商品を中心にした班での共同購入事業は、山口市緑町に共同購入センターを構え、灯油のスタンドも設置するなど、そこを拠点に、山口市から小郡町、防府市、そして長門市に配達を行っていました。加えて、小野田店、西岐波店の出店に合わせ宇部センターから宇部市・小野田市へ、周南店の出店とあわせて周南センターから、徳山市・下松市・新南陽市へと取り組み地域を拡張してきていました。

●下関では自主的な取り組み

そうした店舗事業との関わりでの拡張とは違って、下関市では他都市で生協に関わられた方々が、生協の商品を手に入れたいという動きが作られました。その申し込みに対応して、山口センターから運送会社に配送してもらい商品を届け、それが広がる中で、山口センターから職員が配達することに切り替えた時期でした。

●商品案内と回覧注文書

牛乳の早朝配達も行い、以前からの共同購入事業が続けられ、商品の企画、カタログの作成、印刷、案内セットなどがすべて山口センターにいるメンバーで行われていました。

注文書は、個人別に必要数量とともに金額を書き込み、当番が班の人数分の合計した数量と金額を計算され、それを転記した注文書を担当が持ち帰る。そして、コース別、曜日別に集計、センター合計への集計と進み、仕入先へ発注。逆な流れで配達されるという極めて原始的なルールで行われました。その事業は武永清実共同購入課長がほとんどを取り仕切っていました。私の仕事はその事業を拡張させることに専念できるうれしい役割でした。

〈新聞54〉組合員1万人（世帯）めざす共同購入

●成長への流れ実感1980年度

日本マーケティングセンター中期計画が1979年度開始。前年の共同購入の供給高は4億1千万円、1288班。79年度供給高は5億4千万円でした。これを急速に引き上げたい。

組合員の自主的な運動で始まった下関は一番勢いがあり、山口からの配送では限界があることから共同購入センター建設が急務でした。新下関駅近くに借地・借家でセンター開設。配達と組合員対応のセンターができたことで組合員からも自分たちの力でセンターができたと喜ばれ以降の大きな力になりました。

それで、山口、宇部、下関、周南と四つのセンターになり、責任者をセンター長とする制度としました。職員組織では、センター長の研修、地区担当（配達担当）の力量強化、管理力強化、商品担当スタッフの力量強化などをすすめました。職員組織の目標に掲げたのは、「組合員の善意に対し、誠意を持って応えよう！」でした。それを基本においた業務姿勢を築くことが成長の基礎力になると意識改革にも必死になりました。

組合員組織では、豊かでイキイキとした班活動の実現を目標に運営委員会活動の充実、と組織拡大を追求しました。

商品力強化では、商品案内の改善、基礎商品の強化、単品結集力強化、広範な組合員参加のテスト活動等を、運営システムにおいては、従来からの延長上の牛乳配達の中止、月2回の共同購入を週1回配達に変更、供給未収金（売掛金）管理の電算化など。組織拡大を進めていく方向でさまざまな改革を行いました。こうした課題に取り組むことで、1980年度供給高は8億円、前年比147％と成長へ流れができてきました。

●システム改革の夢

班で商品案内を回覧して、注文数も金額も当番に計算いただく方法ではなく、「商品案内も個人別に配布し、個人別の注文書を提出いただき、必要処理一切をコンピューター処理する」

システム改革は、他の生協で続々と実施されており、私たちにも夢でした。

それには組合員数1万人が最低必要と、仲間づくりと称した組合員拡大には必死で取り組みました。組合員数が増えれば、商品もシステムも改善できる。そのことを訴えながら、商品供給と組織拡大に励みました。

1万人組合員が達成できたのは83年、第一次のシステム改革が実施できたのは１９８４年、共同購入部長になってから5年間かかりました。年次別供給高は、81年10億７千万円。82年度15億円。83年度20億円。

その一方で生協全体は順調にはいかない状況でした。

〈新聞55〉いずみ・小郡仮店舗での出店失敗

中期計画2年目の１９８０年、日本マーケティングセンター（ＮＭＣ）の指導を受け、そのノウハウを自分のものにしようという職員の奮闘はめざましく、供給高も伸び、業績も改善されてきました。

前年の宮野店出店が成功したこともあり、山口市吉敷のいずみ店と小郡駅前店を仮店舗に出店します。いずみ店は後に最適立地に替わりますが、当時は道路工事も進められている頃で、少し早すぎました。小郡店は借地借家で、仮店舗と言いながらも売り場４５０坪タイプ、衣料品も扱う重装備でした。結果的にこの2店舗が失敗。年間供給高は初めて１０８億円と１００

億円を超えましたが、ようやく良くなりかけていた業績は急落し、赤字構造に舞い戻りました。

●神戸と札幌から役員派遣

理事長藤村のその時の気持ちを想像してみます。

「何とか１００億円規模まで伸ばしたい。そしたら力もついてくる。そう思っていたが、債務超過の状況で、ＮＭＣに指導をお願いした。すべての面で力不足でそれを改善しようということにすがるような気持ちで期待した。何とか光明が見えるかと思った時に、２店舗の出店が失敗だった。どうすればよいのか？」

ＮＭＣの神通力にも、生協内部で陰りが見える状況下、当時、日本生協連副会長でもあった藤村は、たぶん心許せる生協の関係者に相談をしたのではないだろうかと想像します。

生協陣営の中での建て直しという結論になったのだと思います。神戸と札幌、店舗事業で成功している二大生協から役員派遣が得られることになり、81年5月の総代会（株式会社の総会にあたる）で、神戸から三井利吉氏が、札幌から斎藤富夫氏がそれぞれ常務理事で就任。神戸とは創業時からの関係があります。札幌からの派遣のいきさつについて、「札幌が経営困難の時、藤村さんには日生協が札幌支援の方針を出すのに協力してもらった。今回はそれに報いる意味だ」と斎藤氏はよく語っていました。ＮＭＣとのコンサルタント契約も解消になり、生協間連帯の中での建て直しが進むことになりました。

〈新聞56〉ショック療法と経営危機の表面化

1981年、神戸、札幌から派遣の常務が加わり、四本部制がとられました。店舗運営本部を神戸からの三井利吉常務、商品本部は村田正巳常務、管理本部を札幌からの斎藤富夫常務、そして組織本部は金子光皓専務が兼任でした。

●店長マネジメント力強化

日本マーケティングセンター（NMC）の進めてきた店舗事業改革と、神戸の店舗事業のすすめ方は当然違いがあります。神戸からは、店舗運営の企画部長もこられました。商品部中心に各店の売り場を強化していく方法から、店長マネジメント力を強化することで店舗事業のありかたを変えるということだったのかなと思います。私は組織本部・共同購入部長でした。

●管理面からの危機解消策

一方、札幌からの斎藤常務は、財務面で待ったなしの状況になっていることに幹部職員が無知であるとして、経営を学ぼうということを盛んに発信して、先行きに警鐘を鳴らしていました。

債務超過であった企業が、業績を建直して財務を健全化するNMC計画が、途中で出店失敗によってさらに収益悪化したわけです。資金不足になります。そのことをわからせるために札幌から公認会計士を派遣してもらい、危機感を理事や幹部職員に理解させようとされました。

●ショック療法

この年、下半期の対策はショッキングでした。希望退職を募ることになりました。部長以上の幹部は3カ月間給料100%カット、つまりゼロです。当然、そのほかさまざまな経費削減策がとられました。危機的な状況にある経営を必死で建て直しをする、マッタナシ状態を宣言したようなものでした。

日本生協連でも山口の経営危機として、対策が協議される状況になってきました。そうした中で、理事長藤村は、自力で資産活用によって経営危機が乗り越えられないかを模索し始めます。

管理本部では、若手を組織して週毎の収支管理委員会を作り、毎週土曜日に商品の棚卸、経費の発生報告で、収支の把握を行うことにしました。私も毎週の経営の実情把握に参加しました。

〈新聞57〉トップの心境は倒産回避

1981年下半期の対策で、週毎の収支管理など若手職員の一生懸命の状況を横に見ながら、理事長藤村の心中は、もっと別なところにあったのではないかと思うのが私の推察です。

●倒産だけは避けねば……

山口店開店以降、年間供給高100億円をめざして出店を継続。しかしなかなか黒字事業にできない。自ら責任をもって進めていた不動産事業での収益も出せない時代になってきた。すがる思いで日本マーケティングセンター（NMC）に指導依頼。NMCの指導で何とかなりそうという段階で出店した2店舗が失敗。当然のごとく資金不足発生が見えてくる。そこでNMCとの関係を終え、改めて生協グループの中での再生を考え、神戸と札幌からの人材派遣を得た。業務の立て直しが取り組まれ始めたが、このままいくと資金不足は避けられない。不本意だが、希望退職や給与の削減なども取ることとした。何よりも避けねばならないのは「倒産」。何ができるのか？

●生協は、資金責任は各自

生協は、経営と資金はそれぞれの生協が単独で責任を持ちます。店舗事業を神戸、管理分野を札幌からの応援者に委ねながらも資金問題は自力で対応しなければなりません。日本生協連も応援の手を差し伸べようと、「大丈夫か？　応援の仕方は？」と日本生協連専務理事が来訪。それに対し「自力でやる」という会話があったと聞いたのは、数年後のことです。自分が理事長として進めてきた中で、資産の内容はよくわかっている。これを活用しての自力再生策はないものであろうか？　と苦労を一身に背負いこみ、私など知る由もない交渉を極秘裏に進めていたようです。

●窮余の一策

1982年年明け、まさに青天の霹靂ということば通りでした。「山口店をリース会社に売却する、七年後に買い戻せる条件つきだ。これはイズミヤ株式会社に協力求め、商品供給契約を結ぶからできることだ」。藤村からの局面打開策が発表されました。

❸ 新聞連載　破たん脱出劇！

ドラスティックな混迷破たん脱出劇

経営の立て直しが待ったなし。希望退職や給与カットと並行して、営業損益の改善に取り組んでいた矢先、理事長が「山口店を買戻し条件付きでリース会社に売却する」と発表。1981年度の危機を乗り越え、ドラスティックな改革が始まります。

〈新聞58〉イズミヤという救世主

今となっては、誰にも確かめようがありません。関係者はみんな故人になってしまわれました。その後のさまざまな話、もちろん理事長の藤村も含め、関係されたであろう方々から伺ったことなどから、私が推察してみます。

●資産活用で活路を開きたい

倒産を避けねば、その思いに必死の藤村は、東京、大阪、神戸と、さまざまな方々に会っていただいたようです。中には、日本マーケティングセンターの紹介で地元の流通業の方にも。その結果の幹部職員への報告の場を断片的に記憶しています。「イズミヤさんは、コープこうべよりも大きな規模で大阪を中心に事業を展開されてる。和田満治社長は、温厚篤実な方、一緒に経営を担っておられる酒井弘専務は、イズミヤが衣料品の扱いが母体であったので、食品の扱いをコープこうべで学ばれた。生協は逆に衣料品のノウハウを学ばせてもらった。そんな関係もあり、経営立て直しの相談にのってもらった。酒井専務から、これならまだ立て直しできますよ！　と激励いただき、イズミヤが協力しましょうと約束いただいた」というキリスト教も交えながら救世主にお会いできたというような話でした。

●差し伸べられた具体策

提案された内容は、「山口店、いずみ店をイズミヤのフランチャイズ店にして、赤字を出さないようにしましょう。そのため、商品供給契約を結びましょう。そして、山口店をリース会社にいったん売却して、売却益を出し借入金も減額しましょう。リース会社はイズミヤが紹介し、後に買戻しできるようにしましょう」と、倒産も避けられないと思っていた藤村にとってはまさに夢のような提案をいただいたわけです。

聞きながらキツネに包まれたような感じを受けたことを覚えています。

〈新聞59〉リースバック、翌年、5店舗事業縮小

自社所有の資産を一回リース会社に売却し、借りて営業します。そして一定期間の後に買い戻す約束をした場合、リースバック契約と言います。山口店はそのリースバック契約をしまし

た。そのことで売却益を出して、１９８1年度決算は黒字にできました。

●山口・いずみ店を区分運営

加えて、翌１９８2年度の営業は、山口店といずみ店を、イズミヤ株式会社のフランチャイズ（ＦＣ）店にして、イズミヤの商品供給とノウハウで運営するように変えていくことになり、人も派遣されてきました。ＦＣ店舗として運営するために、この2店舗を第三事業部とすることになりました。その他の店舗は第二事業部、神戸からの三井常務が管掌です。第一事業部は共同購入事業です。

●82年度決算対策

自己所有の資産で赤字であった店舗を、リース会社の資産にして借りて運営するのですから、費用は増えます。第三事業部の赤字が増えてきました。山口店、いずみ店という赤字店舗が無くなった第二事業部の中にも赤字店舗をかかえています。共同購入は前年比１４０％と伸びていますが14億9千万円にしか達していません。

１９８2年度決算は大赤字になることが見えてくる中で、抜本的な対策が執られることになりました。

●別会社設立と5店舗の分離・売却

山口店はすでにリース会社の所有です。それ以外の店、いずみ、小郡、防府、八王子、周南の5店舗を分離・売却することになりました。そのための方策の概要です。

イズミヤ株式会社の協力で、サンやまぐち株式会社を設立。

5店舗の資産は新会社へ売却。

5店舗は生協の店から通産行政下の店舗にする手続き（商調協申請）を始める。

その認可までは生協の店舗として運営する。

その店舗に所属している従業員は新会社へ移籍する。

そのような骨格が発表され、生協内外に大きな衝撃を与えました。ともかくその処理で、1982年度の決算も黒字決算で終えることができました。

〈新聞60〉組合員・職員の涙、葛藤、義憤

生協の組合員の皆さんは、出資者であり、利用者であり、運営者ということを通じて、生協は自分たちの共有の財産と思っていただいています。つまり私の店なのです。それが、店の売却。私の店でなくなるという衝撃をもって受け止められました。

●理事会の議決を欠席

この5店舗事業縮小案が通らなければ、生協は倒産しかない。それがわかった上で、その理事会の議決を、「私は小郡店を売却する案に賛成はできない退席します」と中座された味口信子氏（山口市、故人）。私の店が無くなることへいかんともしがたい怒りだったのでしょうか？今では、理事としてやむにやまれぬ中、素晴らしい対応だったと思います。

●最後まで生協職員で

「定年間近なんだ。どうか生協職員のままで終わらせてくれ」と当時の専務に訴えられた上野忠雄氏（宇部市、故人）。しかし、その店に属した者は新会社へというルールを変えることはできないと、願いは叶いませんでした。

●労組の立場で

雇用が守られることで、さまざまな意見があるのをまとめた大野万里氏（宇部市、故人）。個々人からは、さぞかしさまざまな声を聴き対応にも苦慮したのでしょうが、大局を誤らずに、新会社が運営でき生協の再生チャンスを活かす判断は立派でした。

●減量経営伝える新聞報道

1983年3月11日読売新聞。

「生協商法ついに敗退・山口中央　経営難で店舗売却・小型中心へ方針転換」

3月13日読売。

「経営改革案に協力を　山口中央生協全組合員に文書郵送」

「サンデー山口」20日

山口中央生協　不採算部門は新会社へ

「約1年がかりで体質改善を模索していた山口中央生協が、4月からいよいよ減量経営に踏み切ることになった。不採算部門を切り離し、新しく設立した別法人サンやまぐち㈱（資本金4

百万、藤村節正社長）に経営を移管するのをはじめ、生協本来の共同購入事業を強化、地域組合員の要求に応じ、日常生活用品だけを扱う小型店舗戦略を展開する、というのが体質改善の柱になっている」と伝えています。

〈新聞61〉生協店を通産行政下の店舗へ　多くの支援

事業縮小という減量経営は、生協の店を新会社の店へ転換することが必要です。それは、「商業活動調整協議会の審議」（商調協）がカギを握ってきます。商調協で承認されて、５店舗の生協から会社経営への営業変更手続きが完了します。それで経営再生の骨格ができるのです。

●通産行政下への転換

大型店舗を開設する時、現在は１９９８年に制定された大規模小売店舗立地法（大店立地法）による届け出が必要で、これは生協も対象になります。１９８３年当時は、大規模小売店舗法（大店法）で、会社経営による新店舗設置には、商調協に図って、売り場面積、営業日数、時間などを審議決定されることが必要でした。この大店法では生協は対象外でした。審議会委員は、消費者代表、流通業者代表、学識経験者の三者で構成され、市町単位に設けられます。

●商調協での審議

法律の対象外であった店舗を会社経営に変更するわけですから、新店舗を開店するのと同様に商調協を通すことが必要です。いずみ店（山口市）、防府店、周南店が対象になります。それまでの出店がそういう手続きを踏む必要が無かったため、商業者の中には、生協は勝手な出店を続けているという厳しい批判的な目で見られる方々がおられたこともあり、商調協は簡単ではありませんでした。

生協の経営危機を回避するために必要な処置として協力いただいたというのが実情であったと思います。そのため会議所の幹部の方々や、行政の方々にずいぶん協力いただいたと伺ったことを記憶しています。

●サンやまぐちへ看板変更

それぞれの商調協で結審いただき、1984年2月の周南店を皮切りに、防府、小郡、いずみ店が、その年に順次、サンやまぐちへと看板を変更していくことができました。

●事業縮小の総括と次期中計

事業縮小の発表は1983年3月。まだ商調協の審議が始まる前の5月に、1982年度(3月末決算)決算報告の総代会が開催されました。ここでは事業縮小の総括を行い、買戻し約束の1989年に山口店買戻しを実行できるまでの考え方を示すことが求められていました。

❹ 転機！　経営危機への対応

誰にもある転機、コープやまぐちの転機は？

人生振り返って、あれが転機であった、良くも悪くも、誰にも転機はあるものでしょう。組織にとっても同様、転機は存在します。

倒産するかもしれないという危機にあえいでいたコープやまぐちが、21万7千人組合員と県民世帯数比で36・6％の方に加入され、出資金90億円、年間供給（売上）高２３０億円という規模に到達しました。

そのような還暦を迎えることができたコープやまぐちの転機はいつだったのか？　振り返り考えてみました。まぎれもなく一大ピンチは、経営危機が表面化した時。その対処が最初の転機になりました。そして、経営危機を乗り越え、良くなる基盤ができた時、これも大きな転機と言えるでしょう。そのように経営危機が表面化した時が最初の転機、そしてそれを克服する見通しがたった時を第2の転機ととらえて、その時、その時のトップ・理事長がどのように対処したのかをふりかえってみたいと思います。

1　経営危機表面化

新聞連載では次のように6つの章で構成しました。その下に起承転結の文字を配置しました。

創業期　起
急速な事業組織拡大・成長期　承
激動（混迷と脱出）期　転
再生懸命（基盤確立）期
再生完了後、質的変革期　結
県民共有の財産へ模索期

このように、起承転結で表現すると、危機表面化が「ピンチをチャンスに変える転機」ですし、危機を乗り切った時が、前向きに変わる転機であったと言えると思います。

創業以来の大まかな流れ

創業してから、小郡、防府、小野田の3つの生協の整理した後を引き受ける形で、それでも山口市への出店と基盤づくりを進めます。そして山口市への出店を契機に、社会的認知度も高まりますし、それを契機として「組合員の班組織」づくりを始めます。その班を基礎に運営委員会などの組織づくりを進めていた時に、オイルショックに見舞われます。

そうした組織づくりが一定に進んでいたこともあり、消費者運動に取り組み、その運動は社会的にも支持され、評価も受けました。それも力にして、上山口、湯田、小野田、西岐波（宇部市）、八王子（防府市）、周南、小郡山手と出店を進め、高度経済成長期という時勢でもあり、折からの流通革命と言われた時期に乗り遅れまいと、１００億円の供給規模を目指しますが、収益構造を確立するには至りませんでした。

そこで日本マーケティングセンターと総合指導契約を結び、収益体質の改善を目指しますが、その事前調査のレポートでは、「債務超過の解消に向けて、営業力を高めることが第一。その力をつけてから出店」という考えが説明され、商品力強化で営業力を高める取り組みが進められました。その指導の下で収益構造が変わってきた兆候が見えてきた段階で、次の出店を行いました。宮野店は成功したもののその次の2店、山口いずみ店と小郡の仮店舗が失敗し、収益構造は元の木阿弥に戻ってしまいました。いや、むしろ悪化します。

その状態を克服するために、日本マーケティングセンターとの契約を解除し、コープこうべとコープさっぽろから役員派遣を求め、生協グループの中での再生を図ろうとしました。コープこうべからの常務に店舗事業を、コープさっぽろからの常務に管理分野を分掌してもらい建て直しを図りますが、事態は資金不足で、経営の存続すら心配になってきました。

危機へのショック療法

1981年、管理担当の常務は「財務や資金問題など幹部職員が無知である」ことに警鐘を鳴らし、経営を学ぼうということをさかんに発信していました。管理部では、全体から若手幹部5人を集め、毎週の収支を把握することに着手しました。毎週、生鮮部門の棚卸結果の報告を求め、その日のうちに収入の計算をし、経費も把握して、毎週の損益把握をしていきます。まだ電卓手計算で行っていた作業に私も参加しました。意識改革もですが、それだけではなく、資金不足がそこまで進んでいたということだったと思います。そうした作業を進めているうちに発表された、この年の下半期対策はショックでした。

出血を止めるために、希望退職も募ることになりました。部長以上の幹部は、3カ月間、給与ゼロ。ですから、物件費の削減は当然の事、管理職手当だけでなく、給与の削減、残業手当なども最小限にとどめるなどできることはなんでもするといった対策が行われました。正直、職場の中に不信感、不安感が充満してきます。

合理化・希望退職募集、管理の強化、職場内へは不信感、全国の生協では山口の経営不振として大問題、労働組合も精鋭化していく、殺伐とした雰囲気になっていきます。

2 ピンチに臨む理事長の行動とは？

ここからは推測です。

日本マーケティングセンターに全面的に指導を仰いだ。その結果が、2店舗の出店失敗で、自力でとる方法が無くなった。コープこうべとコープさっぽろには役員派遣をお願いし、双方から派遣された常務に業務執行にあたってもらっている。日本生協連も資金不足をどうするのかと心配し声をかけてくれたが、自力で対応すると断った。

おそらく理事長藤村の頭にあったのは、資産を活用しての切り抜け、つまり資産売却だったでしょう。労働運動の世界で、労働金庫や共済生協、住宅生協などで一緒に対策が取れないのかという相談が行われているとか、それは難しいだろうという話も聞こえてきました。

地元のスーパーへの相談もあったように聞きました。倒産回避に向けて、水面下で、必死で倒産回避策は無いのかとあえいでいたのだと思います。

倒産回避策ということは、打開策が見いだせなければ倒産するということです。その必死の姿でイズミヤに会うことができたことで、藤村の願いは一気に解決策が見えてきたのだと思います。

イズミヤの提案

幹部会議が招集されました。そこで、理事長の藤村から、「ホントウ?」と疑うような、まさに狐につままれたような気がする話が報告されました。

この間、現状を打開するために、多くの方々に相談にのってもらってきた。イズミヤの和田社長と酒井専務にお会いできた。そして次のような提案をいただいた。

イズミヤの紹介するリース会社に、本店(山口店)を7年後に買戻しできる契約で売却する。本店と山口いずみ店は第3事業部として、イズミヤとフランチャイズ契約を結び、イズミヤが人も送り損益プラスマイナスゼロで引き受ける。

そのため、共同購入事業を第一事業部、その他店舗を第2事業部として運営する。

救われた! という気がしました。本店をリース会社に売却することで、借入金の返済もできますし、当座の利益も出ます。

その提案に沿って、その1981年度末には本店を7年後買戻し約束付きで売却しました。自己所有資産をリース会社に売却ですから、費用は増えます。翌年は、第3事業部も赤字は消えませんし、全体収益も好転しません。全体を存続することは、ますます困難になりました。

経営に直接タッチしていない私なども、第3事業部の損益プラスマイナスゼロは、どのようにして対応してくれるのだろうと、心配になります。

3 イズミヤが、サンやまぐちを設立支援

そして、その翌年1年間を経た結果、3事業部に分けても、第1の共同購入事業と、第2の店舗事業で収益改善ができていないこともあり、第3事業部の赤字解消も含め、さらに抜本的な手を打つことになりました。いずみ店と第2事業部にしていた店舗から4店、あわせて5店舗（小郡、いずみ、防府、周南、八王子）を売却することになりました。そのためにイズミヤは、その受け皿会社サンやまぐちを設立・支援する体制をつくりました。

生協のお店を大規模店舗法に基づく店舗にする

その時に大きな障害は生じました。生協の管轄は厚生省（当時）です。一般店舗は通商産業省（当時）です。通産行政では、大規模店舗管理法（大店法）で店舗の営業等について管轄しています。その当時の法律では、生協店舗は管轄外でした。（現在の大規模店舗立地法では、対象になっています。）そのため、資産の売却はできても、店舗の運営は生協で継続し、大店法に基づいた新規店舗の申請を行い、その許可が出た段階でなければ売却先の企業は営業できません。

奇想天外な妙案

誰が起案したのか、私などは知る由もありませんが、うまく考えたものだと思います。

新会社をつくる→新会社へ不動産を売却する→その店に属している従業員は新会社に移る→新会社は大規模店舗小売法に基づき、新店舗開設を申請する→その開店許可が下りるまでは、コープやまぐちの店舗として営業する。認可後にサンやまぐちの看板にする。

5店舗をサンやまぐち㈱に売却することで、1982年度決算も、前年の山口店リースバック契約の利益での黒字に続いて黒字決算にできました。

経営面では決算対策、経営存続はできるわけですが、悲喜こもごもというよりも「悲憤」が残りました。売却店舗の従業員には選択の余地はありませんでした。従業員や労働組合からは、コープやまぐちからの指名解雇にあたるのでしょうが、雇用確保が保証されていますので、労働組合も大局観から同意しました。それにまして、その店を利用していた組合員の悲憤は大きなものでした。それまで生協は自分たちの出資したお金でできた自分たちが利用するための店と思っていた店舗が、そうでなくなるというのですから、熱心に活動参加していた人たちからは、どうして自分たちの店が？　と怒られ、また涙ながらに訴えられたものです。

しかし5店舗の売却（事業縮小）は、最終的には、その方法しか執れないことが分り、そうなった原因を総括しながらも、その方向で歩み始めました。

4 行政と商工会議所の理解で商調協クリアー

生協の店から、サンやまぐちの店への変更は、商業活動調整協議会（大規模店舗法に定められた新店などの審査をする協議会。商工会議所の中に設置され、消費者、商業者、学識経験者を委員とする協議会。以下商調協と略）へ諮られました。それまでの生協の出店はその審査の対象外であったことからも審査は難航しました。行政からの指導や会議所役員の理解もあり、申請店それぞれの審議会の審議を経て、サンやまぐちで営業できるようになりました。

その後、本店のリース会社からの買い戻し約束が近づいてきましたが、買い戻しても生協の力で営業できないことから、買い戻すと同時にサンやまぐちへ売却しました。そのことは、１９８８年３月に臨時総代会を開催して決めました。

その年5月の通常総代会で、病床に伏せった藤村理事長は、文書で退任のあいさつ。代わって田村茂照氏が2代目理事長に就任しました。

そしてサンやまぐちは、山口店の開設を商調協に申請。これも、一度ならず二度目のこと、難しさは5店舗の事業縮小時の商調協申請以上でしたが、理事長が交代していることも商業者委員等の理解を得る上で幸いし、行政の応援もあり大規模店舗審議会を通り、本店もサンやまぐちとして営業できることになりました。

サンやまぐちの営業撤退と3店舗をコープやまぐちへ

残念ながら、サンやまぐちでの営業もうまくいかず、イズミヤは関東地区での営業強化策を決められた時、サンやまぐちの営業閉鎖を決められました。その上で、コープやまぐちに再びコープのお店にしたらどうかと持ちかけられ、いずみ、小郡、周南の店を生協店として復活できました。引き受けてもらったそれ以外のお店（山口店、防府店、八王子店）は、サンやまぐちとして閉鎖されていました。

したがって、イズミヤにとっての山口対策（コープやまぐちとフランチャイズ契約を結び開始された）は、自社の業容拡大も視野に入れてのものであったはずですが、実ることはありませんでした。

コープやまぐちの救済策として、「イズミヤが手を貸しましょう」と言われたという、最初の藤村理事長が報告したことは、まことに天の声だったのでしょうか、その通りになりました。

この経緯の中から、私は、二つの転機をあげました。

転機1　大ピンチに、あきらめずに自立した経営基盤を確保できた選択

ピンチをチャンスには後だから言えることでしょう。ピンチもピンチ、倒産するかもしれない、それどころではなくこのまま行けば倒産は避けられない、そんな状況の中で、必死でいろいろな方に窮状を訴え、資産を活用しての救いを求めた。財務内容を見られることは当然です

が、その姿勢も見られたのでしょう。

「あくまで自分の責任で、解決策を探りたい」とした藤村初代理事長の姿勢が（多分、他からの応援もあったはずです）、イズミヤの「手を貸しましょう」につながったのだと思います。生協の再建、自立を助けていただいたイズミヤへの感謝は、忘れられないものです。

私は、「大ピンチにあたって、後に、自立した生協の基盤を確保するために、イズミヤとの提携（実質援助）という選択をした」藤村の選択を称えたいという気がします。歴史に「もしも？」は禁物ですが、「もし他社への売却？」という選択をしていたら、後の自立した生協の経営基盤づくりは難航していたかもしれないなどと夢想しています。

最後まであきらめず、必死で、組織のトップの責任を果たそうとした初代理事長の行動、判断があって、コープやまぐちは、当時はともかく、今日まで続く長い社会的評価を得ることができました。これは紛れもなく一大転機でした。

転機2　事後の成長基盤確立への最大契機、山口店買い戻し断念の臨時総代会

転換期ととらえれば、起点は倒産危機を迎え、イズミヤとの関係に踏み切った時、そして終点は、（イズミヤからサンやまぐちの事業を閉鎖する、ついては、かつてコープの店だったのだから、コープやまぐちが引き取ってもらうのが一番いいと打診を受け）3店舗を再びコープ

の看板にできた時でしょうか？

その長い転換期の中で、イズミヤとの関係着手が第一とするなら、本店の買戻し・即日イズミヤへ売却、売買差損を出してでもその選択を行うことを決めた臨時総代会が大きなポイントになります。

売却差損は、本店をリース会社から買い戻してすぐに、その買い戻し価格よりも安い価格で売却するというものでした。それは、営業権を評価した価格で買戻し、営業権の無い不動産としての価格で売却するために発生する差損でした。その年度の赤字見込み数字を出し、翌年から健全化できるようにするという計画もつけて、臨時総代会で承認をもらったものです。初めての赤字決算でした。倒産危機で本店をリース会社に売却した年も、翌年の5店舗の事業縮小した年も、それぞれ売却益で黒字決算をしてきています。臨時総代会では初の赤字になる提案を承認いただきました。

初代理事長が病床に伏せっていて、次の引き受け手がない。周囲は反対しているが自分がやるしかない！　と決断して、臨時総代会開催を陰で応援し、その3カ月後には次の理事長引き受けを覚悟した田村茂照2代目理事長がいなければ、この一連の処理はできなかったと言えます。

田村理事長には、サンやまぐちが商調協を通り、営業できるようにすることを一緒に取り組み、それができたから営業権も追加でいただきたいと交渉もして、再建計画期間を短縮することにも尽力いただきました。この臨時総代会開催も大きな転機でした。

⑤ 個人の転機「火中の栗拾う」選択

1 常任理事就任が、なぜ火中の栗？

私は37才で常任理事（企業で言うところの常勤取締役）に就任しましたが、その前年に部長職のまま常任理事会議長を仰せつかりました。連載の中で、「役員ではないのに、常任理事会議長か？」とつぶやいた時です。

その当時のコープやまぐちは、経営危機が、本店買戻しの約束があるので、根本的な問題解決はできないまでも、小康状態を保っていました。

5店舗の売却（事業縮小）した店舗営業を、生協法の下での店舗から通産行政下の店舗への商調協結審を終え、受け皿会社である「サンやまぐち株式会社」の看板に切り替えつつありました。

本店は、買戻し約束付きでリース会社に売却し、その店は損失が出ない形で「サンやまぐち」に運営してもらっていました。

簡潔に言えば、コープやまぐちは、「サンやまぐち」の親会社であるイズミヤに助けられ、そのおかげで成り立っている「半自立」の状態でした。

財務は、本店買戻し問題を考えると、正直難しい、資金的に余裕はない状況がつづいています。しかし初代藤村理事長は「本店は買戻しを実行する」ことを至上命題として、内外に発信し続けています。内実は重たい課題を背負っています。

役員の状況は、経営危機が表面化するまでの私の上には、理事長、専務理事、常務理事が3人（他生協からの出向者2人含め）、常任理事が4人、全員で9人という体制でした。それが、降格等もあり常勤役員は理事長と専務理事だけになりました。それまでの路線が破たんしただけに、その常勤役員も内部での信頼関係は保てていない状況です。

その状況で、本来ならば専務が果たさねばならない職務にあたれというのですから、窮余の一策だったのだと思えます。

その発表は、内外共に、まさに「エッ？」ですし「青天のヘキレキ」という感じです。

6中計プロジェクト委員長

そうした「いわば先行き不透明な」状況下であるだけに、そこをどのように脱出していくのかの中期計画づくりが必要不可欠でした。常勤の役員が信頼関係を喪失した中、伸び盛りの分野を担当していて、内部からの期待感があった（と思われる）私がその中計プロジェクトの委員長に指名されました。救いであったのは、伸びる分野の部長を兼務して行うことだったと思います。難局乗り切りの計画づくりの「中期6カ年計画（6中計と略）」のプロジェクト委員長ですが、それに加え理事長は、６中計と日常運営は連動しなければならないからと、業務決裁権を持たせようと、私に常勤役員会議長を担うように発令します。

2 火中の栗をひろうとはこのことかと？

順調に経営されている組織で、役員（候補的な立場）に就任するのなら、一般的に昇任したと喜ばれます。

先に述べたようにまさに課題山積の組織です。その役目を担えと言われた時、「やってやろう！」半分、「だいじょうぶかな？」半分、大丈夫かなは経営の行き先の問題、どうしても不安感が先に立ちます。

救われたチャンスを活かすには、誰かがやるしかない！

誰かが中心になって運営していかねば、経営は存続できません。

せっかくイズミヤに救済の手を差し伸べてもらい、倒産の危機を避けたわけですから、その機会に逃げ出すわけにはいきません。「やるしかないじゃないか！」という心境だったと思います。しかし、経営の先行きの多少の不安が、重くのしかかってきます。それを苦慮した上で、踏み切って決意したのは何だったのか？

3 決意の背景

運動への確信

学生の頃、大した勉強はしていませんのに、学んだ環境から「協同組合運動に対する確信のような気持ち」は持っていました。農協などの実践を学んだ中で、組合員が協同することの力がさまざまな成果を上げていることを見聞きし、この運動の持つ力はすごいし、協同することで可能性が広がることへの確信と言っても良いと思います。

伸びている全国の運動を見て客観的に伸びる状況

加えてその頃、全国で大学生協を母体にした地域生協がグイグイと力を伸ばしていました。また、西日本各地では、それまで地域生協の無かった高知県や島根県にも、共同購入事業で新しい生協が作られ、飛躍的な発展を遂げ始めていました。

それらを横目で見ながら、コープやまぐちの共同購入はまだまだ伸ばせると思っていました。

西日本の各地の生協では、新設生協などで「組合員1万人をめざす！」取り組みが行われていました。私もその中で、組合員1万人になればどんなことができるかとか、そのために何をすればよいのかなどを学ばせてもらっていました。

まだまだ伸ばせる分野で働いていたことから、コープやまぐち全体の混とんとした状態にかかわらず、共同購入に携わっていた職員の志気は高かったと思います。

4「共同購入生協独立」の画策も

イズミヤから提携という話が具体化する前、私は、このまま行くと「倒産」という事態も起こりうるかもしれないとまで思っていました。そんなことは言えませんが、もしそんな事態になっても、山口県の地域生協が全滅ということは避けなければといったことを考えました。

そこで、共同購入事業を別組織にする新しい生協にする案を考えました。コープやまぐちから、○○生協という別組織を分離独立させるという案です。別法人をつくる、関係する職員はそちらに転籍する。組合員にはそちらに替ってもらうか、両方に加入してもらう。心中期するところもあり、共同購入部の数名の幹部にしか話しませんでしたが、その数名は「やりましょう」と賛意を示してくれていました。

他にもコープやまぐち内外で、この方にはと思う方々にも相談してきましたが、最終的には、イズミヤとの業務提携（山口店をリース会社に買戻し約束つき売却）がまとまった段階で、この案は進めないことにしました。

5「イッショニヤロウ！」という仲間

そういういきさつがあった上で、常勤役員会議長、兼6中計プロジェクト委員長、兼共同購入部長として、全体指揮を執れという指名です。

共同購入事業単独ででも、いざという時は、共同購入で生協を存続させようということまで思ったのだから、コープやまぐちが存続チャンスをもらったのだし、その全体指揮を執れという指名なのだ！　支えてくれる仲間がいることを思えば、これは「やるしかない！」。今まで、共同購入事業だけを単独生協にしてでも、山口県の地域生協を絶やしてはいけないと大きなことを言っていたのですから、逃げるわけにはいきません。

前向きにとらえる決意の最大の後押しは、そういう「懸命にこの運動を発展させていこうという仲間」がいるということでした。換言すれば、この任務を引き受けた時、このメンバーは一緒に責任を分かち合ってくれるという信頼感でしょうか。

6　初志を貫く

思い返せば、初志は何だったのか？　確か、コープやまぐちに入協する時、理事長藤村の語る夢に賛同し、「山口県内にこの運動を広めていくことを一緒に進めたい」でした。

その初志を貫くことに一緒に取り組む仲間ができている、それがこれまで働いてきた中でできた自分の財産なのかな？　それを生かすべきだと！

困難な局面の判断で大切なこと！

山より大きい猪は出ない！　とか自分の気持ちを決める上でもさまざま考えました。

今考えてみるに、運動への確信、理念・初志とも合致、客観的可能性、職場の人間関係、組織外の環境など、決断できる条件は満たしていたのかもしれません。

私としての転機は、「役員ではない常勤役員会議長」に全力であたる気になる決意をした時でした。困難な局面の決断にあたって決定的な要素に、「仲間が支持・信頼してくれるか？」は大事だと自問自答の結論です。

第4章 破たん回避を確実なものに

経営再生の中期6カ年計画は職員総参加をめざした

一連の経営危機対応は、「受け皿会社を作って、赤字店舗の資産も人も引き取る」、さらに「リース会社に買戻し約束している山口店もその会社が運営を引き受けてくれる」というドラスティックな内容です。

コープやまぐちにとっては信じられないくらい極めて恵まれた条件で、とにかく経営破たんをまぬがれたわけです。

でも6年後の山口店買い戻し対応という大きな課題が残っています。個人的には「火中の栗をひろう判断」をしました。何としても、経営再生を確実にやり切らねばなりません。

ただ、職員組織にも組合員組織の中にも、それまでの経営に対する不信感が残っています。

これをどのように克服して、信頼感をどのように回復するのか？

むしろ、その人的パワーにこそ経営再生のエネルギー源になってもらわねばなりません。

経営再生を確実に進めていくことが大きな大きなテーマです。

❶ 新聞連載 再生への息吹

再生への息吹

事業縮小で倒産危機を回避できた。職員、組合員、多くの涙。多くの方々に協力いただいての再生チャンス。理事長は「山口店買戻しを絶対実行すること、そのための中期6カ年計画」と発言。そのための「6中計プロジェクト」は若手で組織することになりました。

〈新聞62〉反省と出直し総代会

規模が大きくなった生協は、組合員全員が集まる総会に代えて総代会（組合員の代表の集まり）を毎年1回開催し、決算・監査報告・剰余金処分・予算、役員選出など法律に定められた事項の審議承認を得なければなりません。

●経営改善へ誓い新たと、当時の新聞記事

不採算店舗の分離など、大幅な経営改善計画を進めている山口中央生協（藤村節正理事長、組合員6万3百人）の第21回総代会が26日山口市民会館であった。年に1回の総代会は、民間企業の株主総会にあたるもので、山口、徳山、下関など各地区から総代の主婦ら約230人が出席。執行部から事業縮小、組織強化を柱とする昭和58年度活動計画が説明されたが、地区ごとの総代会を経ているだけに、全体として激励、決意が飛び交う「再出発総決起集会」の形になった。同生協は約4億円の累積赤字解消のため①12店舗のうち小郡店など5店舗を、別会社サンやまぐち㈱に分離する、②大型店中心の店舗展開を改め、共同購入を軸とした生協本来の組織活動に立ち戻る……などを骨子とする中期六カ年計画を進めている。総代会では、村田正巳専務理事から計画の基本理念が改めて説明され、店舗分離後の財務内容が報告された。

報告によると①短期、長期合わせて17億円あった銀行借入金が、店舗売却などによりほぼ全額弁済された②残る7店舗を中心とした4月の収支は、553万円余の純益を計上したなど、出足は好調。また、同計画の一年目でもある58年度は、職員、組合員教育に力を入れるとともに、共同購入や店舗への利用結集を徹底する方針。総代会ではこれらの計画、方針、決算などの議案がすべて承認された。（朝日新聞山口版）

〈新聞63〉総代会で事業縮小の四つの反省

事業縮小は総代会で承認されました。その時に、なぜこうなったのかという、いわゆる総括文書を提出しています。

固い内容ですが、事業縮小の結果の財務状況と反省点、特にこの反省は今後の連載にも大切なことですので説明させていただきます。

●事業縮小結果の財務と、四つの反省

総代会では、銀行からの借入金は全額弁済できたこと、組合員から出された出資金、組合債は保全できたこと、不良資産を大幅に除却できたことを報告しています。そして20年間の歴史を振り返った上で、事業活動を進めていく上で次の4点を反省点として述べています。

イ、組合員組織の力量を高めながら事業規模拡大を行うのではなく、「規模拡大が組織力強化につながる」という展開になっていたこと。

ロ、経済情勢、流通情勢の変化に対応して規模拡大を進め、今日の規模を築くことはできたが、事業規模を支える主体的力量（組合員組織力、内部力量）の判断に誤りがあったこと。

ハ、規模拡大を進行していく上で、借入金に依存する度合いが大きく、財務構造を悪化させたこと。

ニ、業務執行に責任を持たなければならない幹部グループの具体的な実行力が欠けていたこと。

そして、事業縮小という大手術を実行した結果、新しい生協運動を作り上げていけるという諸条件を確保できました。そして、山口県における生協運動をさらに発展させ強化していくためには、今回の処理の持つ重要な意義について、その総括と成果を土台にして、21世紀に生き残れる生協運動を作り上げていきたい。そのために組織、運動、経営、内部執行のそれぞれの課題を明らかにし、具体的な実行課題にし、スケジュールをつくり確実に成果にしていきたいとしています。

この4つの反省は、これからも絶対に活かしていかねばならないという、その当時の組織を挙げての反省でした。伝え続けてほしいとの意を込めて記しました。

〈新聞64〉中期6カ年計画と経営の全体指揮

事業縮小後の総代会も無事終わり、5店舗の新会社への分離と商調協への手続きが始まりました。総代会で約束した山口店買戻しの計画を具体化することが必要です。しかし、まとまらねばならないコープやまぐち内部は、求心力不在で少しざわついた雰囲気でした。

役員体制は、理事長は新会社の社長も兼ねることが必要でしたし、加えて金子光皓前専務が新会社の役員に就任します。神戸、札幌の生協からの役員派遣は終わることになりました。4人の常勤役員は職員に降格して職務に就くことになり、9人いた常勤役員は、理事長と村田正巳専務の2人になります。

職員の中には、生協へ残る人と新会社へ移っていく人との間には、微妙な感情の差が醸し出されていました。それまでの経営執行に対する不信感もありますから、どのような執行組織を形成できるのかが超難問でした。

●6中計プロジェクトの委員長と常勤役員会議長

そうした内部の雰囲気の中、再生を確たるものにするために、実行できる部隊を組織すること、理事長は「若手職員が中心になっての計画づくりが必要」と考えたようです。

「6中計プロジェクトの委員長」を私に、事務局長に栗崎勇二氏を指名します。私は共同購入部長を兼ねています。加えて、日常の経営執行と中期計画を連動させるためにと、常勤役員会議長に指名され、日常経営の執行権限を与えられました。私は36才、栗崎氏も同世代です。

倒産危機を回避できて得られた再生チャンス。これを活かしきれるのかと内外から興味深くみられています。新会社の商調協手続きも進行中、生協の建て直しと中計の起案、どれもすごい重圧でした。幸いに内部では、組合員組織との関わり、伸びる可能性のある共同購入を担当していることから一定の理解を得られました。

周囲からは、どういう人間なのだ？　本当にその職に耐えられるのか？　未知数に不安が付きまとったのではないでしょうか？　当の本人は、「役員でない常勤役員会議長か？」と思いながらも「やるしかない」と決意します。

〈新聞65〉原則へ！　二つの人的資源を力に！

委員長として内部の志気を高めることが重要であり、プロジェクトチーム編成は若手を総動員することにしました。プロジェクトは、組織、運営、商品・物流、管理の四つの課題別チームに分け、若手幹部を総動員する形でメンバーを指名しました。それぞれが職務を持っていますから、通常業務を終えた後の会議になります。

●先が見えるよろこび

この先どうなるのだろうか？　最悪は倒産、それは無いにしても先々の展望はあるのだろうかという不安を感じる時には、なかなか心からの笑顔は出てきません。危機は去ったとはいえメンバーは、直接ではなくても身近に多くの涙を経験しただけに、これからはしっかり立て直さなければという気持ちと、先が見えるようになった喜びで、夜間の会議もいとわず参加。内容を具体化する論議を積み重ねました。

事業縮小時の反省が論議の起点になりました。つまり「組合員組織力と事業のバランス」「業務執行力の不足」です。これは本来生協が持つべき力が不足したという反省であり、克服する方向として、「原則に立ち返った運営」という言葉をよく使いました。

●事業縮小の反省活かす原則的な生協運動とは

生協は、組合員が力と知恵を持ち寄り、自分たちのための事業を共に運営することが原則であり原点です。だとすれば、遠回りでも、組合員皆さんが力を出し合おうと思っていただける生協を模索すること、そのために一所懸命になれる職員組織を形成していくこと、「今まで事業が先行していたのを、組合員運動が先行するように転換すべきだ」、具体的には見えぬままに、そんな主張を繰り返した記憶があります。

●二つの組織の人間力が源

幸いに涙を流しながらも生協を大切と思ってくださる組合員がある。その力をもっともっと広げていこう、もっと力も知恵も出し合っていただこう、それを基礎に置くことになりました。そして業務執行における力不測の反省から、職員が生き生きと働き、力をつけていくこと。この二つの人的組織が持つ力を、中期計画における力の源泉にしよう！　を基調テーマにしました。

〈新聞66〉山口店買戻しの力は共同購入

山口店買戻しの約束が１９８９年という大課題がありますから、その年までの６カ年計画は、84年２月に内部に発表、５月の総代会で組合員に発表が待ったなしでした。

●半自立の生協に重たい課題

５店舗をサンやまぐち株式会社に売却したことに加え、リース会社が所有する期間の山口店の運営は、サンやまぐち株式会社が受託してくれました。コープやまぐち経営はそれがあって成り立っています。つまり支援を受けた関係で、言ってみれば半自立（半人前）の構造です。その間に力をつけなければならないのです。買戻し約束の時にはそれが実行できるようにするという目標を掲げました。

半人前の生協が、６年先に大型投資をするという計画です。そういう大型店の運営を引き受けていただいているという非常に恵まれた構造の生協が、またその店を経営できるのか？　買戻しは重たい重たい課題でもあります。

83年度年間供給高75億円を160億円と倍増以上にする目標にしました。無謀とも思えますが、何とかしなければという思いが強かった計画数字です。

● 支えは共同購入事業

私は1979年から共同購入部長で、1983年に兼務のまま常勤役員会議長と中計プロジェクトの委員長でした。幸いしたのは共同購入が伸びる状況に入っていたことです。新聞54（112ページ）の通り1980年度に、山口、宇部、下関、周南と四つの共同購入センターにして、責任者をセンター長とする制度としてスタートさせました。そして、組合員拡大を「仲間づくり運動」として展開。組合員の皆さんにも一緒に取り組んでいただき、目標の1万人（世帯）を達成、コンピューターを導入してシステム準備中でした。

組合員からの注文を、班の中での回覧制から、個人別の商品案内と注文シートへの切り替えを84年に実施する計画で、そのシステム改革を行えば他県の実践を見ても大幅な事業拡大が見込めます。そういう成長が見込めることは、中計委員長としてよって立つ足場がしっかりしているという、精神的な大きな支えになりました。

❷ カイより始めよ。そしてカクを作る！ ～改革の一歩

1 どこから着手するのか？

６中計プロジェクトの委員長、ひきうけたものの何から手を付ければよいのか？　繰り返しになりますが、中期６カ年計画の起案が必要な前提条件と状況です。

☆６年後に本店買戻しのリース会社との契約を履行しなければならない
☆それは、資金面、営業力両面で困難。ただしトップは買戻しを至上命題にしている
☆７店舗に縮小した店舗事業の立て直しは急務
☆共同購入事業の成長を確保しなければならない
☆内部は、経営執行に対して不信感が充満している
☆組合員組織にも、生協への不信感が存在

そのような状況の中で何から手を付けるのか？　です。テクニカルな方法論ではなく、考え方では「事業縮小での総括」、これを活かすことが必要だと気付きました。

2 事業縮小の反省と「恵まれた条件」を活かす

本店のリースバック契約、その翌年5店舗の事業縮小後の総代会（企業の株主総会にあたる）で、次の内容の総括文書「事業縮小4つの反省」を提出しています。新聞54で記載していますので重複しますが、再掲します。

イ、組合員組織の力量を高めながら事業規模拡大を行うのでなく、「規模拡大が組織力強化につながる」という展開になっていたこと。

ロ、経済情勢、流通情勢の変化に対応して規模拡大を進め、今日の規模を築くことはできたが、事業規模を支える主体的力量（組合員組織力、内部力量）の判断に誤りがあったこと。

ハ、規模拡大を進行させるため、借入金依存の度合いが大きく、財務構造を悪化させたこと。

ニ、業務執行に責任を持たねばならない幹部グループの具体的な実行力が欠けていたこと。

総括文書ですから、当然のこととしてこの反省内容の軌道修正を図っていくことが求められます。反省はできてもその改善となるとどの項目も並大抵でできることではありません。しかし、反省を活かすことが、出直しにとってはキーワードになりそうです。

加えて自力営業すれば赤字が出ることが明白な本店はコープやまぐちにとっては、損益プラスマイナスゼロで運営委託できています。その構造下で、店舗と共同購入の事業での収益構造を高めなさいという手が差し伸べられている、理解しがたいほどの恵まれた条件なのです。この状況下で、早く人心をまとめなければなりません。それが私に与えられた役目のようです。

3　職場を前向きな雰囲気に変えることが急務。まずカイより始めよ！

隗より始めよ　を調べてみると、
《中国の戦国時代、郭隗が燕の昭王に「賢者の求め方」を問われて、賢者を招きたければ、まず凡庸な私を重く用いよ、そうすれば自分よりすぐれた人物が自然に集まってくる、と答えたという》「戦国策」の故事から引用される言葉で、《大事業をするには、まず身近なことから始めよ。また、物事は言い出した者から始めよということ》とありました。

当時はそんな調べもしないで、凡庸な私が重く用いられたのだから、今まで言い続けてきた、「組織力強化」の先頭に立たねばならないという程度の意識でしたし、まずカイより始めよとは、内部を固めることが先だという程度の理解だったように思います。

総括文書にあった、組合員組織が弱かったという反省は、それまで自分が絶えず主張してきていた組織強化の必要性ですから先頭に立つことはできそうでした。

その考え方の上で、内部をまとめ、弱点を前向きに克服していく道を、6中計起案のプロジェクト編成の中で探りました。

4 幹部総員参加のプロジェクト編成で「カクを作る」

今までの先が見えない状況から、とにかく倒産は回避でき、頑張れば前途が開ける状況になったのだから、今から6年間の計画起案にあたっては、その計画策定作業に参画することで、みんなが夢を描けるようにして行こう。そのような考えで、店長、センター長、課長以上には全員プロジェクトチームに参加してもらうことにしました。

組織、運営、管理、商品・物流という4つのプロジェクトチームを編成し、そのチームの代表で全体をまとめる形をとりました。

今までのあり方の反省を活かし、新しい生協をつくるつもりでさまざまな論議をする。週1回以上開催するチームの論議に、一日の仕事を終えて集まり、「ああしたい、こうありたい」の論議を積み重ねて中期6カ年計画をまとめました。

できた計画もですが、それ以上に自分たちで未来を開いていこうという職場の雰囲気ができたことは大きな喜ばしい変化です。

5　職員団結と組合員組織の再構築

その6中計の内容は細かくは触れませんが、特徴的だったのは、「事業縮小した店舗地区の組合員説明と共同購入事業への再組織」でした。店舗閉鎖の説明とお詫び、さらに脱退される方には出資金の返金、加えて今後はぜひサンやまぐちの利用と共にコープの共同購入にも参加していただきたいという説明を行う戸別訪問を積み重ねました。

そのことで職員には、店舗が無くなった地域の組合員の気持ちを理解してもらうこと、共同購入に参加していただくことの大切さを理解してもらおうとしました。その動きを組合員皆さんにも知っていただき、その地区での仲間づくりを一緒に進めてもらおうという組合員参加の運動でもありました。

そして、共同購入事業へ投資を集中し、物流を整備し、システム改革も実行していくことも計画化できてきました。

6　失った社会的信頼の回復を

内部の信頼感確立も急務でしたが、6中計の最大課題は、事業縮小で失った社会的な信頼を回復するという大きなテーマでもありました。

そのために縮小した店舗事業での黒字確保、そして組織拡大に努め共同購入事業を成長させ、合わせて黒字の構造を築かねばなりません。人材育成も急務です。「コープ変わったね」と評価されるようになることが社会的信頼の回復だと思いました。

「山口店は買い戻す」の主張を変えられない理事長

社会的信頼回復について、理事長藤村は山口店買戻しに強い意志を持っています。それができなければ、信頼は地に落ちると思い込んでいます。

客観的に考えれば、買戻しができたとしても、共同購入と小型店事業を6年間進めると、大型店営業の商品力も運営力も無くなるわけですが、ことこのことに関しては聞く耳を持たない状況です。

それもそのはずです。その段階で買戻しできませんとでも発表しようものなら、「ではどうするの?」と大問題になります。

難問題は先送り

あえて、本店買戻しに触れれば波風が立ちますから、「前半3年間の状況を見て判断する」ことにしました。そして、前半3年間は共同購入事業を利用される組合員を増やすことに集中していこうという方針で、これならどこからも異存は出てきません。

7「6中計前半」の共同購入事業

6中計初年度1984年に、それまでの積み重ねで共同購入参加組合員がようやく1万人を達成し、コンピューターシステムによる第一次のシステム改革を実現できました。それまでの班単位での注文書の回覧方式から個人別の注文ができる仕組みに変えて、組合員の集計作業をなくすことなどができました。その翌年には商品の仕分けセット作業の機械化、共同購入センターの新設整備を2年間で防府、光・下松、岩国、下関、宇部等に進め、組織拡大を後方から支えました。

そうした伸ばしていける条件も活かして事業拡大を進め、6中計前半の終わる1986年度末の共同購入の数値は、83年1万3千人の組合員が3万8千人。年間供給（売上）高も83年19億円から61億円とそれぞれおよそ3倍に達しました。

そのように成長を実現できたことで、1987年にはさらにコンピュータの大型化と共同購入の「商品案内16頁への拡充、取扱い商品拡大、個人別納品請求書などの第2次システム改革」を実現できました。そのように共同購入が伸びることで組合員の内、班所属組合員の割合が大きく変わりました。1982年の22％が、1986年47％と半数近くになりました。

8　16年で半数の組合員が班所属に

1970年就職2年目の私が、「班組織が無い生協ではダメだ」と主張していたことから、班づくりの実践の場を与えられ、牛乳配達を始めてから16年。組合員が週に一度は顔を合わせて商品を分け合う、そして話すことができる、そういう班組織に加入する組合員が半数近いという構成に変わったことで、従前に比べるとはるかに、話し合うことができる組織になりました。

9　難問題への対処にも話し合える組織は大切

コープやまぐちの転機で述べた「本店買戻し断念の臨時総代会」は、本店をリース会社から買い戻してすぐに、その買い戻し価格よりも安い価格で売却するというものでした。それは、営業権を評価した価格で買戻し、営業権の無い不動産としての価格で売却するために発生する差損でしたが、それを発生させても後に健全化できる選択をするというもので、売買差損で赤字決算になる見込み数字も出して、臨時総代会で承認をもらったものです。

初めての赤字決算でした。倒産危機で本店をリース会社に売却した年も、翌年の５店舗の事業縮小した年も、それぞれ売却益で黒字決算をしてきています。臨時総代会では初の赤字になる提案を承認いただきました。

そして、その内容は、個人組合員には郵送で、班所属組合員には同じ内容を伝え、そして「班で話しあってほしい」と説明しました。大切な問題を、ダイレクトメールで伝えるだけでなく、話して伝え、話し合ってもらうという対応ができる班所属組合員が半数近くなっていたことも、この判断が可能になった要因の一つと言えましょう。

大事なことを決めるのに、「伝え、話しあってもらう」は極めて大切なことでした。協同組合は、みんなで運営する組織体。話し合いの基礎組織を築くことの大切さを実感した一事でした。

この「**❷カイより始めよ。そしてカクを作る！　～改革の一歩**」の結びが、職員組織の取り組みの結果として、組合員組織の到達成果で結ぶことになりました。この両組織のかみ合い方の大事さとして、次の章へつないでいきます。

❸ 新聞連載 難問題に組織あげて対応

「山口店買い戻し」という難問題

前章で「混迷からの脱出」はできたものの山口店買い戻し対応が難問題となってきました。「１９８４年からの中期６カ年計画」（「６中計」）で、共同購入事業は拡大できた一方、山口店買戻しの体力はできず、「買い戻し対応」が再生基盤づくりの分水嶺になりました。臨時総代会で買い戻し断念を議決、同店をサンやまぐちに営業譲渡できた時、経営再生の基盤が確立できました。

〈新聞67〉山口店買戻しは後期に判断

「６中計プロジェクト」の起案は、まず規模拡大ありきにはしないで、組織づくり、人材育成を基礎に経営を組み立てていくというアプローチを行いました。１９８４年度総代会に提出し、承認された内容の骨格は次のようなものでした。

●基本方針の内容

次のような基本方針を、前期（１９８４〜86年）・後期（１９８７〜89年）に分けて定めました。

(1)組織の強化充実を図る
・組合員加入目標は、前期で県民世帯比12％８万世帯、後期15％10万世帯
・班グループ所属組合員４万８千人
・地区運営委員会を１００以上形成
・組合員出資金９億円以上

(2)事業活動を強化する
・共同購入への投資を集中し、システムも改革する
・既存店での組合員組織に支えられた店舗のあり方検討
・小型店の開発実験
・山口中央生協コープ商品の開発と産直運動の積極的推進
・年間供給（売上）高１６０億円目標

(3)経営基盤を強める
・収益体質の改善、経常利益率（供給高比）２％以上、財務体質の改善

(4)人材育成と能力開発

・人材育成の目標を掲げ、その育成と人事制度の確立

(5)共済、文化事業など新規事業を開発する

●山口店の買戻し判断

山口店買い戻しへの対応については、前期で、経営体質、組合員組織の再構築、営業力（人材、商品力、運営力）のレベル判断を行い、買い戻しのめどをつけるとして、明快な表現は避けました。

〈新聞68〉6中計の大命題とジレンマ

繰り返しになりますが、「6中計」は山口店を買い戻す約束の実行という目標を持つとともに、事業縮小で失った「社会に対する信頼」の回復を大命題にしていました。

●買い戻しは前期で判断

とりわけ理事長の藤村節正は、山口店の買い戻し実現が社会的信頼回復という強い思いを持っていました。その意をくんで6中計の目標は、共同購入と小型店で事業を展開。それで山口店を買い戻しできる体力を築くという組み立てで、買い戻し実行できるか否かの判断は、前期3年の到達状況をみて決めることにしました。

●買い戻しのジレンマ

なぜ3年後としたのか？　よくよく考えれば、共同購入と小型店で体力ができ、買い戻しで

きたとしても、買い戻した段階では大型店運営のノウハウはないはずです。そうすると買い戻し不能ですが、買い戻しはできないと言えば、それまでの発表を否定することになります。信頼回復の役目が果たせなくなります。そうしたジレンマの中で、買い戻しの判断を前期3年の到達状況をみた上としたのです。このことは、後々まで尾を引く難問題になりますが、当面は「6中計」の成長分野に全力を挙げていかねばなりません。

●共同購入の成長

センター長制度をスタートさせた1980年度から、組合員も一緒に展開した仲間づくり運動の成果で、1983年度に組合員1万人（世帯）達成、そしてコンピューター導入、1984年度にシステム改革できました。それまでの班回覧の商品案内と注文書を、個人別に配布でき、組合員による班での注文集計作業などをなくすことができました。この時の商品は144品目の扱いでした。しかし、組合員が増えることで班回覧や集計作業が無くなったことは、仲間づくりの成果として喜ばれました。

●組合員増でさらに便利

仲間が増えれば、商品開発もでき、より便利なシステムができることが実感できたことで、仲間づくり運動を一層強めて、さらに多くの参加を目指していこうという運動に組合員の共感も広がってきました。商品開発にも拍車をかけていきました。

〈新聞69〉共同購入で、収益・財務好転

１９８３年に、共同購入参加組合員1万人（世帯）を達成し、84年にシステムを改革。その後3年間の推移をみてみます。１９８４年に周南センターの移設。１９８５年防府、光、岩国にセンター開設、下関と宇部のセンターを東西2センターに分割、さらに商品の仕分けセンターを東部は周南に西部は下関に開設しました。１９８６年に代金の銀行口座引き落としの開始と、営業拠点と物流の整備、参加しやすいシステム整備に投資を集中して事業拡大の条件づくりを整備しました。

●仲間づくりと事業成長

仲間づくり運動がさらに便利な共同購入の実現につながるからと、組合員にも一緒に取り組んで欲しいと、知人の紹介活動などを呼びかけていきました。

結果、組合員数は１９８３年の約1万4千人から１９８６年3万8千人（世帯）と2・7倍に、年間供給（売上）高は19億円から61億円へ3・2倍に成長できました。

店舗を合わせた年間供給高も再び１００億円に乗せることができ、毎年の黒字計上ができました。また、組合員への増資活動呼びかけで、出資金は、１９８３年48億円が１９８６年63億円へと増えました。

●共同購入事業成長の要因

共同購入の成長の要因は何だったのか？　何より大きかったのは、全国的に共同購入事業が成長し、そのことで日本生協連の商品力が強化され、その商品を利用できたことがあります。

加えて、生協は一つの生協が県域を超えることができませんので、他県の生協との間で情報交換を行い、運営ノウハウも教えあうという関係があります。ヒットした商品の開発、企画の進め方、組合員運動の進め方、システムの組み立て方、教育や人材育成、センター運営の仕方など、全国で進む先進の事例を学ばせてもらえました。

共同購入事業の成長は、そういう商品力の恩恵に加え、当事者の意欲、姿勢があれば運営ノウハウを学ばせてもらえたことが大きい要素でした。そして、全国各地の先進例を見ても、もっともっと伸ばせると確信を持つことができました。

〈新聞70〉職員から初の常務登用

比較的順調な共同購入の成長に比べ、もう一つの課題であり目玉である小型店開発。これは、なかなか困難な課題です。

既存店での組合員組織に依拠した店舗運営の実験として、宇部の西岐波店と小野田店で組合員のグループ化の実験を行いました。全員にグループに属してもらう取り組みです。グループを通じての利用割り戻しや、店舗周辺での共同購入などを進めましたが、それまで個人組合員でよかったものをグループに所属してもらうということですから、結果的に成功しませんでした。

そして新店を上宇部で開く準備に入りました。商品構成、運営の仕方など検討を重ね前期終了後の1986年にオープンする準備が精いっぱいでした。さまざまなアプローチを続けますが、小型店開発は、こうすれば展開できるというモデル店に達することはできませんでした。

●買い戻し判断には至らず

前期1986年度の到達状況で山口店買い戻し判断を明確にするという約束ですが、共同購入事業は順調とはいえ小型店開発は難航しました。買い戻しは、1987年度に判断すると1年間先延ばしせざるを得ませんでした。そうした中ですが、経営執行体制は状況に応じて変化していきます。

●初のプロパーからの常務

私は1984年常勤役員会議長兼共同購入部長、1985年常勤理事・統括部長、翌1986年常務理事の任を与えられました。生協創業から数え23年経過して、初めてプロパー職員からの常務理事でした。

それまでの常勤常務理事職は、創業時の神戸からの柏木尚氏、労働運動からの小田国人氏、補強人事であった広島の生協からの金子光皓氏（事業縮小前に専務）、家電事業を営んでいたことからの事業補強で村田正巳氏（事業縮小後の専務）、札幌からの斎藤富夫氏、神戸からの三井利吉氏と外部の力を借りて形成していたものです。

内部登用での常務にはそれほどまでに時間がかかったわけです。事業縮小を経て新生生協のイメージ刷新の期待もされますが、まだ難しさが続く局面ですから「重圧ヒシヒシ」でした。

〈新聞71〉若い執行部を支えた環境

常務に就任した頃の理事会には、新生なった生協という期待感もありましたが、片方でサン・やまぐちへの看板変更が行われる最中でもあり、その進行がニュースで報じられる渦中です。さらに山口店は自力運営ができていない状況でもあり、周囲からはまだまだ先行き不安視されていました。

●神戸から非常勤理事

札幌と神戸から常務理事派遣は終わりました。その段階で、コープこうべからは、青瀬剛氏（後にコープこうべ専務理事）を非常勤理事に派遣いただきました。

イズミヤ株式会社と、コープこうべは友好的な関係です。青瀬理事は「生協では、県外の生協を支援するには限界があることから、イズミヤが、サンやまぐちという子会社を作ってまで支援して下さっている。それはコープこうべに代わって支援してもらっていると思える。だからこそ、山口中央生協をなんとしても一人前にしなければならない」という強烈な使命感を持っておられたと、筆者は当時も実感しましたし、今も変わらぬ思いです。

理事会への出席だけでなく、そのつど一泊して、経営や事業の考え方の伝授、職員を神戸に受け入れての養成、自ら講師を務めながらの教育、ずいぶん一生懸命に支援をしていただきました。

●日本生協連支援

その頃、日本生協連合会（日生協）は西日本を関西地連（地方連合）で管轄していました。単位生協の経営指導もその地連が担当になります。

それが正式ルートですが、幸いなことに日生協の専務は、福田繁氏（故人、東大在学中に公認会計士資格取得、東大生協学生専務理事として日生協設立に参加）という異色の経歴を持たれる方で、周南市生まれ、山口高校卒と縁の深い方であり、「せっかくイズミヤさんのおかげで再生基盤ができ、執行体制も若返りできたのだから、失敗させてはいけない」という温かい配慮をいただける関係でした。

加えて当時の日生協関西地連事務局長は、伊藤敏夫氏（後に日生協専務でこの方も、札幌出身の経歴も含め、極めて好意的に指導にあたっていただけました。さまざまな面で、好意的に指導いただけることは幸いでした。

〈新聞72〉山口店買い戻し不可なら

6中計前半3年間では、めどをつけることができなくて、1年先延ばしした買い戻し問題ですから、1987年度はこれが最大テーマになります。

●買い戻しが必要な理由

理事長藤村節正は買い戻し実現に悲痛なまでの思いを持たれています。その判断には、山口店を買い戻せなかった場合、イズミヤにお願いするにしても、商業活動調整協議会を通すことは、不可能であり、自分では責任を果たせないということがあります。これも難問題です。

●買い戻しができない場合？

買い戻しを行った場合、どうなるのか？　収益と財務のリスクが極めて高いことも、理事会の論議の中ではっきりしてきました。

もし、生協で買い戻しできない場合、イズミヤで対応いただけるでしょうか？　村田正巳専務と一緒に上阪しました。酒井弘副社長が、「商調協を通すことができなければ、買戻し価格で取得することは無理です、不動産価値で判断するようになります」と。温かい中にも厳しくビジネスを教えていただきました。しかし、大きな売却損を出さねばならぬことに途方にくれたような思いがしたことを思い出します。

他の開発プランもありましたが、その場合、閉店に伴う従業員の雇用対策、テナントへの営業補償など、生協への負担は避けられません。

福田繁氏（当時日生協顧問）が盆で里帰りされた時、相談にのっていただきました。「一時的に赤字を出しても、原則的に……」、そして「今、間違うなよ……」との教えは忘れえぬものです。

●日生協への支援要請

買い戻したその日にイズミヤに引き取ってもらう。その差損が発生する。日生協に、その差損資金を融資いただきたいとの要請を行いました。村田正巳専務と栗崎勇二中計事務局長の3人で訪れた際に、厳しくも厳しく教えられました。

「もっと自力で、やれる限り自力でガンバレ。組合員が動かされ、全国の生協の仲間も、ほってておけないぞと思うようになるまで自力でガンバレ」と。結論は、融資は不可ですから、東京からの帰路も重たい気持ちでした。

〈新聞73〉売却損が発生しても買い戻し断念

店舗で営業できる場合にはリース会社から買い戻した価格で買い取り可能、商調協を通せない場合は不動産価値で買い取り。その条件で売買差損が2億4千万円発生する。それでも、買い戻しすぐに引き取っていただこう。そこまでの決意ですが、売買差損の資金手当てができない。悩みに悩む中ですが、方向性を決めていかねばなりません。

●再び、救いの手!

再度、イズミヤにうかがった時、おそらくいろいろな方からの後押しがあったのだと思っていますが、酒井弘副社長が、「その資金を、イズミヤが無償で融資しましょう」と、にわかには理解できないほどのありがたい条件を示していただけました。

●原則的対応の理事会決定できた背景

「救われた！」という思いでした。

☆買い戻しは契約上実行しなければならない。

☆買い戻して生協で事業を続けることは無理。

☆商調協を通す約束をすれば、その価格で買い取ってもらえるが、約束できる条件はない。

☆不動産としての価値で引き取ってもらうと売却損を出すようになる。

☆その売却損の相当額の融資をしてもらえる。

そうした条件と考え方が煮詰まってきた中で、１９８７年10月理事会で、「売却損を出し赤字決算をすることになるが、臨時総代会を開催し、買い戻し断念を理解いただく」ことにしました。１９８８年1月に臨時総代会開催を決めました。

●経営再建は思想的再建から

10月理事会の前日、部長、次長以上の経営幹部会に諮りました。神戸からの青瀬剛理事、日生協伊藤敏夫関西地連事務局長にも出席いただきました。青瀬理事から、「経済的再建は、運動的、思想的再建なんだ。思想的とは何か？　それは、生協運動において組合員を大切にする思想なんだ！　それができなければ、運動の再建、経済的再建はないんだ！」、しかし「現状は、再建というレベルではないよ。赤字は出すけど再生なんだ。絶対再生できるから」

そうした激励を受け、山口店買い戻し断念の臨時総代会を開催しても、内部は「揺らいでない」状況を作る意思を固めるのでした。

〈新聞74〉山口店問題で初の臨時総代会開催

臨時総代会、初めてのことです。7地区での地区別総代会を開催し、臨時総代会の内容の事前理解をと開催協力を呼びかけました。1988年1月25日山口市の防長青年館で臨時総代会は、緊張感をもって開催されました。

前年度の総代会での議決「山口店リースバック契約満了後の基本対応については、本部店舗としての活用方向を基本にする。しかし経営の根幹にかかわる投資なので、客観的な情勢見通し、資金調達力、その後の店舗を運営していく業務力量と組織力量、大型店の商品力、収益構造の判断等々の総合的判断を行い次期総代会に諮る」に基づき、検討してきたことを、通常総代会を待たずに開催したものです。

●買い戻しは断念

議案では、検証してきた内容などを報告し、「今期は赤字になるが、買い戻しを断念する」こと、その赤字からの立て直しを、「6中計を見直す再生5カ年計画」として5月の通常総代会に諮ることを提案し、それぞれを満場一致で議決いただきました。内容を理解いただいた総代により、組合員もともに取り組むという次の特別決議が行われました。抜粋して記載します。

●特別決議の抜粋

「本日私たちは、大変苦しい決断をしました。（中略）組合員のみなさん、寒い時期身を寄せ合うように、苦しい時こそ心を寄せ合いましょう。今こそ、組合員の一人ひとりが知恵と力を出し合って、この困難を乗り切りましょう。再生5カ年計画を達成するために、役職員には全力を尽くして効率良く財務改善に取り組んでいただくと同時に、私たちも今一度生協運動の原点に立ち返り、『生協を広め、強めていくのは私たち組合員自身であること』を再確認しましょう！」そして、仲間づくり、増資、利用と運営参加を、具体的な内容ですべての組合員に呼びかけました。そのように内容は申し分なかったのですが、当日も、会場にはＮＨＫのカメラが回っていました。組合員発表は生協で行いたいものですから、これをどうするかが大きな心配ごとになりました。

〈新聞75〉決定の発表と心配事への対応

臨時総代会（１９８８年1月）決定の内容は、現在営業している店の買い取り断念ですから、営業をどうするか、その間の契約や引き継ぎをどうするか、次のように複雑でした。

☆１９８８年3月にリース会社に解約を申し出る。

☆リース会社は替わって引き継ぐ意思のある会社に売却するが、その時発生する差額は生協の負担とする。

☆ただし、現在営業しているので、もとの契約の1989年4月末まで、生協山口店として営業する。

そのような簡単には説明できないようなことに加え、今後の問題として、従業員雇用やテナント営業への対応も見えていません。さらには、組合員には出資金や組合債返済方法などの説明が必要です。そうした問題を具体的に説明しなければ無用の混乱を招く恐れがあります。

●報道は、生協発表の後に！

こうした心配から、総代会内容を、生協が組合員通知した後にマスコミ報道がされれば、組合員も冷静に受け止めてもらえると考えました。田村茂照顧問（この後に理事長）が、マスコミ対策の責任者のような形になって、放送局や取材のあった新聞社の支局を回って、その報道を「生協の組織に混乱を与えないために延ばしていただきたい」と要請しました。

結果的に、40日あまり後の放映と新聞報道になりましたから、生協からの説明を個人組合員に郵送で行うことができた後でした。生協という組織が混乱しないようにとの理解を得れたことは、再生の芽をつぶしてはならないという好意的な視点で見ていただけたからでしょう。

●行政もハラハラしながら

生協は、一時的に損を出しても大丈夫と言っているが、本当に再生できるのか？　今後をどうするのか？　県の生協主管の社会課そして民生部にはずいぶん心配をおかけしました。その年の1月11日から2カ月間に20回社会課を訪れた記録が残っています。県の好意的な対応も後の対応にプラスになってきます。

〈新聞76〉サンやまぐちで営業を申請！

サンやまぐちによる山口店営業の商業活動調整協議会（商調協）の認可を得ることに、生協が責任を持つとの約束はできませんでした。そのため、資産の売買価値は下がったわけですが、その時店舗運営を受託していたサンやまぐち㈱としては、営業をどうするかという問題が残りました。コープやまぐち山口店としての営業期間は、当初のリース期間満了の１９８９年４月までの1年程度です。その間に商調協でサンやまぐちとしての営業が認めてもらえれば、雇用の継続とテナント営業の継続ができます。そのため、サンやまぐちとして営業申請することになりました。

●行政や会議所

行政も、コープやまぐち山口店の店舗閉鎖問題は雇用問題につながること、そしてコープやまぐちが本当に立ち行くかと二つの面で心配であったと思います。

商工会議所には、前回のいずみ店の時に「もうこんなことはありません」と言っていました。これと違うと指摘されると返事に窮することが明白でした。買い戻しにこだわった理事長の藤村節正の判断は、このことにあったと思われます。コープやまぐち山口店だけど、民間店舗への変更手続きはサンやまぐちで行う。しかし、生協も無関与ではおられません。なにせ起因は生協の経営危機回避策です。

その頃、また難問題が持ち上がります。1988年5月の通常総代会は役員改選の年でした。理事長の藤村は病床に伏せって、理事会も欠席している状況で、1月の臨時総代会にも出席できませんでした。その交代は避けられませんし、後をどうするのか？

●難問題抱える後任理事長

その時の状況です。

☆初めての赤字を出す年度の理事長交代。

☆山口店を閉鎖した後に、ほんとうに再生計画は可能なのか？

☆山口店閉店後の営業継続に商調協はどうなるのか？

☆営業できない場合、雇用やテナント営業問題等どれだけ負担になるか不明。

☆その場合、出資金や組合債の保証ができるのか？

その状況を理解している人でなければなりませんし、当事者である内部起用では社会的に通用しないことも明白でした。しかもこの難問にあたることができる人でなければ理事長は務まりません。

〈新聞77〉局面打開へ理事長の交代

臨時総代会を開催、買い戻しを断念する。その時に生協を再生できるのか？　表だって会議できる場所もなく、村田正巳専務と栗崎勇二中計事務局長と私は、幾度田村茂照顧問宅にお邪魔したのでしょうか？　繰り返し繰り返し、生協の今後について、検証を受けました。

そして臨時総代会を終え、マスコミ対策も分担いただく中、そこへ理事長の交代問題です。

田村茂照氏は、現職の県議会議員です。県の職員組合から生協の理事に就任された期間もあり、さまざまな側面協力をいただいていました。生協閉店後のサンやまぐちの問題も、理事長交代問題も然りです。

●**田村顧問の苦渋**

県議の支持者からは、リスクのある理事長は絶対に受けないようにとの声が圧倒的だと聞いています。

ある日のこと、田村顧問の口から、「サンやまぐちの申請には生協は責任がある」

「今更、名刺を出して、新しく理事長になりましたと、県や商工会議所に挨拶に行くようなことでは、この難局面の理事長は務まらない」と、聞くことができました。

ああ、受けていただけるんだと安堵のタメイキをついたことを思い出します。

●**藤村理事長は文書で挨拶**

第26回総代会の役員改選、創業者である藤村節正理事長は、病院から退任挨拶状を寄せられました。ごく一部を抜粋します。

「私は終戦直後から平和で民主的な日本をめざし、労働運動に身を投じ、その一環とし労働者福祉の運動に参加してまいりました。これらの活動の中には遺憾なことも多々あり、退任を前にしてその責任を痛感しています。私は今、全生涯を終るものと思っておりますが、私は私の信ずる道を真っすぐに唯一筋に貫き通すことができたと思っており、これは私の心の中に残るたった一つの小さなよろこびです。このよろこびを与えて下さった多くの方々に心から感謝しています。二十一世紀こそ、平和と人権の花咲く人類社会の実現を見なければなりません。皆様のこれからの運動も、人類未踏と言われる平和と人権の世界実現のために大きな役割を果たされるものと思います。輝かしい発展を遂げてください。（後略）」

第5章 信頼回復から質的変革へ！

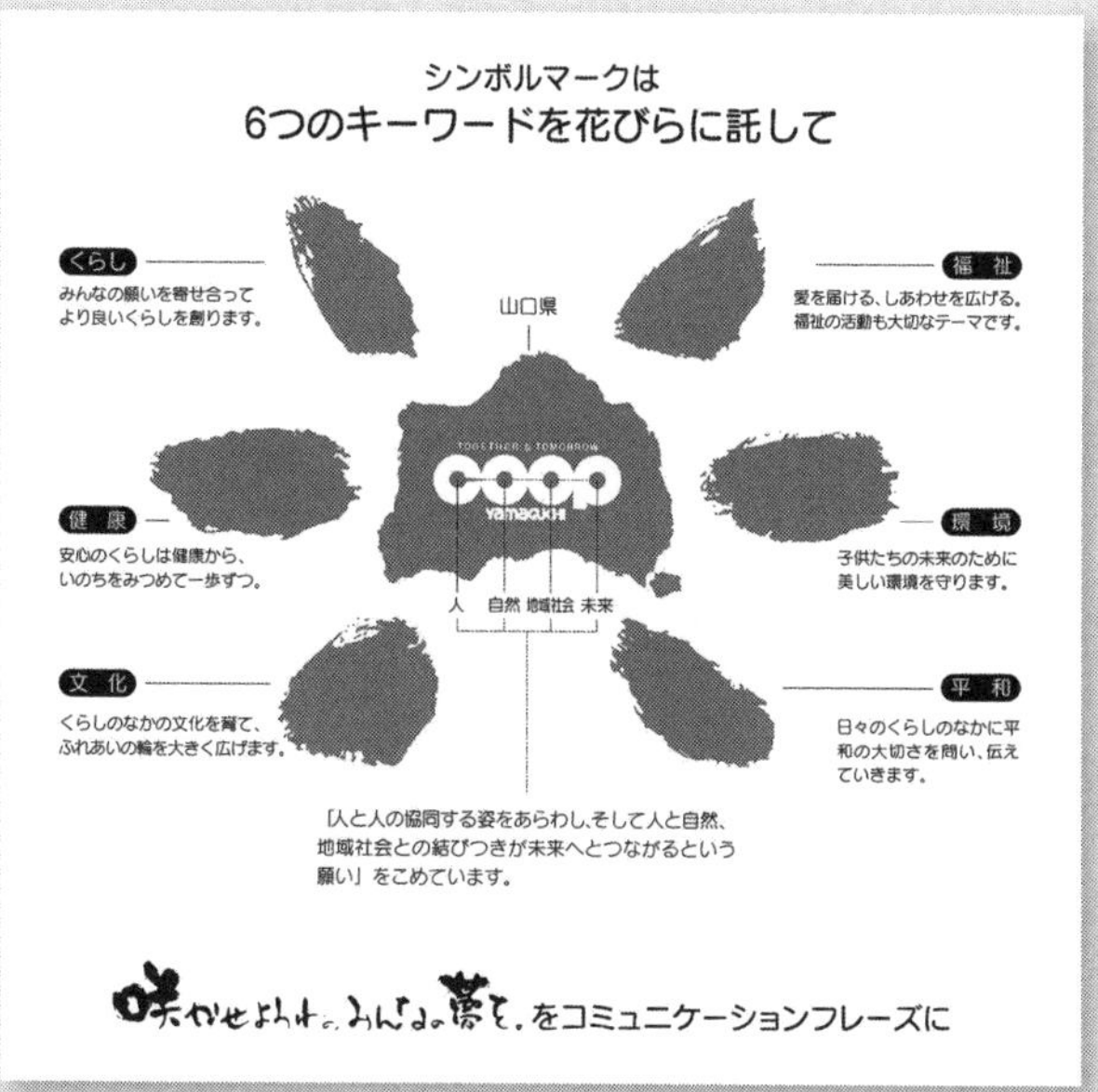

名称変更とシンボルマークで新生生協をアピール

一連の経営危機対応は、「赤字店舗を、受け皿会社を作って、資産も人も引き取る」、さらに「リース会社に買戻し約束している山口店もその会社が運営を引き受けてくれる」というドラスティックで、かつ極めて恵まれた条件で、とにかく経営破たんをまぬがれました。

それでも6年後の山口店買い戻し対応という大きな課題が残っています。個人的には「火中の栗をひろう判断」をしました。何としても、経営再生を確実にやり切らねばなりません。

ただ、職員組織にも組合員組織の中にも、それまでの経営に対する不信感が残っています。これをどのように克服して、信頼感をどのように回復するのか？

むしろ、その人的パワーにこそ経営再生のエネルギー源になってもらわねばなりません。内部の信頼回復を行い、改めて組合員の信頼獲得ができる職員組織に変革する質的変革がキーワードになります。

経営再生を確実に進めていくことが大きな大きなテーマです。

❶ 新聞連載 信頼回復へ

長かった再生期間を終え、信頼回復で出直し

臨時総代会開催が、１９８８年1月、その年5月の通常総代会で、田村茂照理事長が選任されました。大問題を抱えた組織の理事長はこの人以外にはないという人選でしたから、事情がわかっている内外の関係者からは大歓迎でした。

〈新聞78〉サンやまぐちでの営業へ新理事長の奮戦

交代後の理事長にとって一番の問題は山口店営業問題です。当時、生協山口店は、サンやまぐち株式会社に運営委託していました。生協山口店で営業できる当初のリース期間が終わる１９８９年以後の営業をどうするのかが決まっていません。

社員はサンやまぐちに所属、閉店すると雇用問題が残ります。テナント営業も、できなくなります。サンやまぐちとして、営業できるよう商調協に申請することになりました。

●新理事長の奮戦

生協は、そのことは無理と判断していましたが、田村新理事長は、「もともと生協から発生した問題、一緒に努力するのは当然」と積極的にこのことへ協力する動きを開始。

商工会議所への協力要請、県への応援要請、いろいろなつながりを活かして、頭を下げ、通産局（大型店なので通産局が管轄）の承認がおりるまで、わがことととした活動をされました。

県の関係される方々の協力、会議所からも「直接関係なかった田村さんが頭を下げられるのなら、協力しないわけにはいくまい」という配慮が示されました。そうして多くの方々の協力をいただき、この問題も円満解決に至りました。

●サンやまぐちの看板で

1989年4月には、サンやまぐち山口店として営業できることになり、田村理事長は、上阪して「営業権が無い不動産価値としての価格を、営業店舗としての価値で見直ししてほしい」とイズミヤに懇願。イズミヤもそれに理解を示していただき、追加の契約をしていただけました。

●売却額修正で再生計画短縮

売却損発生前年の1986年の納税後利益は4千万円弱です。売却損2億4千万円は実に6年分。そこで臨時総代会では「再生5カ年計画」としてその解消を計画していました。営業可能になった追加契約で、再生計画は5カ年を3カ年に短縮できました。

〈新聞79〉再生へ不可欠「経営の信頼回復」

田村茂照理事長へ交代後も、村田専務理事、有吉常務理事の体制、私は引き続き実務執行を任されました。

理事長は、今までの生協が沈んだ状態であったものがこれからは代わっていくという「新生生協」をどのように、内外にアピールしていくか？　に非常に強い関心を持っておられました。理事会の運営、幹部職員との交わり、部内報へのメッセージ、職員への声かけ、非常勤理事長なのですが、そのことはおくびに出さず、先頭に立った行動力を示されます。

●90年代ビジョンの策定

１９８９年に山口店がサンやまぐちに看板変更しました。その時の売却損解消の再生５カ年計画を３カ年計画に短縮できましたが、その計画も含め、マイナスをどうするかという中期計画が多かったわけです。そういうイメージではなく、「90年代ビジョン」というタイトルで、できれば外部の有識者に加わっていただいた委員会を作って、委員会の提言という形にすれば、信頼感を失った組織からの立て直しに良いのではなかろうかという発想をしました。

経過を大雑把に見れば「ダメージを受けた事業縮小→中期6カ年計画→山口店買い戻し断念→赤字→再生5カ年計画→その短縮」と、中身をよく見れば良い方向に向いているのですが、世間のイメージは違います。たぶん「経営立て直しにまだまだ時間がかかるのだろうね？」というイメージで見られていたのではないでしょうか?

●信頼回復へ委員会設置

「どなたか外部委員で委員会を設けてビジョン策定を依頼したら?」という提案に、理事長から「それはいいことだ!」という快諾は得たものの、「人選は考えてみよう」としばらく時間がかかりました。

数日経たのではないかと思いますが、「安部先生にやってもらえるから!」とのこと。安部一成先生は、山口大学経済学部元学部長で当時は名誉教授、西南学院大学の教授でした。正直、大物すぎるな! と思ったくらいの方ですが、著名な方でもあり、新しい生協の目指す方向を示していく委員会の座長ですから、これに越した方はおられません。

〈新聞80〉「協同する姿を」のビジョン策定

安部一成先生に座長に座っていただけることになり、委員の先生方も、山口大学農学部の川島東洋一教授、同大人文学部の木下謙治教授、県立山口女子大(現山口県立大)家政学部の松本俶子教授、元山口県農協中央会参事で仁保農協の末永昌己組合長、そうそうたる先生方にお手助けいただけることになりました。理事会からは常務の有吉と、非常勤理事で職域選出の西嶋裕作理事、組合員選出の豊村洋子理事、事務局を栗崎勇二事業本部長が務めました。

●1年間かけて90年代ビジョン策定

委員会は1989年度およそ1年間をかけて、90年5月総代会に「90年代ビジョン・生協21世紀への展望」として報告されました。

創立以来の歩みと、とりわけ80年代の教訓を整理した上で、おかれている時代の情勢を分析し、①90年代のくらしを透視し、②90年代に目指す姿を「協同する姿の見える明るい街づくり」と掲げ、③組合員活動の目指すものとして「生活者の協同の組織として幅広い運動の展開」をかかげ、「くらし、健康、文化、福祉、環境、平和」の六つの運動分野を定義し、④事業活動では、「協同のネットワークづくり」をスローガンに店舗、共同購入事業の具体的目標を掲げるとともに、近県の生協などとの連帯を掲げた。⑤文化・福祉の運動と事業が大切になること、福祉については検討委員会の設置も具体的にふれ、⑥盤石な経営のために、執行組織の強化、人材養成と内部組織の活性化、組織活性化ではコーポレート・アイデンティティー導入なども提言した。

●安部一成座長の結語抜粋

私たちは、21世紀に向けて「協同」の理念を深めつつそれをいかに具現化するかについて考究し、幾つかの提案を行った。「街まちに協同する姿」を樹立しようとすれば、組織力の拡充とさまざまな野心的な事業の展開とを、一体的に追及していかなくてはならず、とどまっていたら現状も維持できず、限りなく衰退を余儀なくせしめられます。机上のビジョンに終わらせないために、圧倒的多数の組合員参加によって、行動計画がくみ上げられ実行段階に進まれるよう切望します。

〈新聞81〉ビジョンの具現化に向けて

安部先生の「行動計画」づくりのアドバイスを受け、内部では「90年代ビジョン第一次中期計画」（1991〜93年）作りを行い、以下のようなことが具体化できました。それに先立ち、山口店と同じ場所にあった本部事務所は市内小鯖に移転しました。

●商品検査センター着工

1992年に商品検査センター着工ができました。これは、食の安心・安全の実現に向けて、年間事業高500億円超クラスの大規模生協では設置が進んでいましたが、200億円に達しない生協としては難しいが、ぜひ実現したいテーマでした。

そのためには、設備もですが技術者が必要です。新聞84号で詳しく述べますが、幸いに資格も経験もこれ以上の方はないという方に、協力いただけることになりました。1992年から3カ年計画で、微生物検査、理化学検査ができる「商品検査センター」を持つことができました。

●6団体の協力協定

街まちに協同する姿！　をめざし、他団体との共同の第一歩として、協同組合6団体による協力協定が締結できました。

１９９１年、県経済農業協同組合連合会（現全農県本部）、県漁業協同組合連合会、県森林組合連合会、県酪農業協同組合、深川養鶏農業協同組合、コープやまぐちの６団体の、事業協力と事業提携の具体化への研究など、相互の発展を約したもので、山口県に立会いいただきました。

●県域に広がる組織に

１９９２年、小野田店を移転新設、さらに１９９３年新下関に店舗を開設できました。また、農産加工センターを新設しました。

組合員活動では、１９９２年に、班・グループ長会で「意見を聴く会」の開催と、班・グループに所属された組合員に「ハッピーアンケート」を実施するなど、空気の重たかった時代から、明るさが実感できる時代に入ってきました。その流れを「さらに加速させたい」、１９９３年の創立30周年を、そのために最大限活用することの準備に入りました。県域に広がった生協の名称「山口中央生協」も変化を求められてきました。

〈新聞82〉経営の安心へ経営監理委員会

ビジョンの中の「盤石な経営」について、経営危機を乗り越え経験した組織だからこそ、その教訓を活かすことが重要です。どうすれば良いのか？　と考えました。

つまり、安部一成先生の結びの文章にあったように、とどまっていたら衰退する、発展させようとすると投資が必要です。その投資が体力に合ったものであるか否か、投資に見合う経営効果が得られるか否かは常に問われます。先の事業縮小に至った原因がまさにその投資問題にあったわけですから、経営体としての自主的なコントロール方法を定められないかと考えました。

●生協理事会は投資を決定する必要

生協の理事会は、有識者理事、常勤理事、組合員理事で構成していますが、過半が組合員からの選出です。いわば、普通の主婦であった方から理事になられる方が圧倒的に多いわけです。個人理事になられた時どういう変化が起きるか、目にする金額単位が極端に変わるわけです。個人生活で言えば、人生最大の投資が「持ち家取得」でしょう。その何倍もの投資を検討する時、実感がわかないのが当たり前ではないでしょうか？　当然慎重になられますが決断も必要です。

決断は必要、失敗は許されない。どうすれば良いか？　大きな投資については、審議機関を設けて事前に審議、その機関の意見をも付して理事会へ諮るようにすれば、どうだろう？　理事会の独立性も確保しながら、理事の皆さんの意思決定の参考にできると考えました。事例を探し、コープこうべで設置されていた経営監理委員会を参考に、同名の外部有識者委員会を設けることにしました。

●経営監理委員会を設置

1991年に委員会を設置。年4～5回の開催としました。

初年度の委員長は中小企業中央会の専務理事を経験された大下忠夫氏、福田繁日生協参与・公認会計士、中光弘治弁護士、企業経営経験者として福田只夫氏、理事委員4名と常勤2名が加わった組織でスタートしました。2021年の役員改選で有識者理事が増えたことで、この委員会は廃止になりましたが、30年間、経営の重要事項の審議が行われました。

〈新聞83〉名称変更で新生生協アピール！

1993年、日経ビジネスが唱えた「会社の寿命30年」説の30周年を迎えることができました。新下関店など投資も始まり、明るさが感じられる状況です。次のようなことを準備し、創立30周年を契機に、新生生協をアピールしていくことにしました。

●基本理念の策定

1991年から、内部では、組織活性化運動を開始、基本理念の制定に取り組みました。その作業は、専門のコンサルタントに指導を受けつつ、幹部職員の全員参加で、何度も会議を重ね「一人ひとりの願いを寄せ合い、私たちの街に、人間らしい豊かな暮らしの想像を」の基本理念を定めました。

●CIで新生アピール！

コーポレート・アイデンティティ（CI）システムと呼ばれる、「企業のあるべき姿を体系的に整理し、それに基づいて自社の文化や特性・独自性などをイメージ、デザイン、メッセージとして発信することで会社の存在価値を高めようとする」ビジネス手法を活用することにしました。

●名称とシンボルマーク！

名称の変更は、組合員の応募する中でコープやまぐちに決定しました。シンボルマークは、デザインコンペの結果、「山口県をシルエット化した太陽、そこから発する6つのコロナに、くらし、健康、文化、福祉、環境、平和という、今後もずっと大切にしていく運動の意味合いを持たせた」ものに決定しました。真ん中のＣＯＯＰの文字は、横一線でつなぎ、「人と人の協同する姿、人と自然、地域社会の結びつきが未来に向かって広がっていく、意味を込めたものです。

●咲かせようみんなの夢を！

コミュニケーションフレーズも、「咲かせようね　みんなの夢を」と制定。イメージソングも策定。新生生協の出発したことを内外に示すことができました。先に定めた基本理念と、コミュニケーションフレーズ、シンボルマークが一体化した内容になりました。そしてそこで定義した、くらし、健康、文化、福祉、環境、平和の六つの大切にする運動が、その後さまざまに展開できる大きなきっかけにできたと言えましょう。

〈新聞84〉夢の具現化・商品検査センター

この項は、新聞81で、述べたことの詳細になります。食の安心・安全確保は、組合員が生協へ寄せられる期待の中で最大のものでしょう。食の安全運動は、その時々の社会ニーズや、生協の持つ力に合わせて取り組んできた経緯があります。1971（昭和46）年には、食品衛生相談室を設け、専門職を配属し、組合員の衛生相談に対応するほか、簡単な分析装置を設け、牛乳の脂肪分、防腐剤、色素、甘味料、ホルマリン等の食品添加物の検出テストを行ってきました。

●本格的な検査センター準備に最適任者

1991（平成3）年、県の消費生活センターや衛生研究所等で、検査分野で高い実績を積まれていた鳥居和彦氏が県庁を定年退官されました。再任先が内定していたそうですが、田村茂照理事長との県庁時代の懇意な関係もあり、生協の検査室設置準備にあたってもらえることになりました。

その頃、全国では年間供給高が500億円規模の大規模生協で、検査室機能を持つようになっていました。コープやまぐちのような組合員10万人、供給高200億円規模では、微生物検査が主体で、理化学検査ができる施設例は少ない段階でした。それだけに、自前の検査設備は、組合員にとっても、常勤の私たちにとっても「夢」でした。そういう検査ができる「人」を得たことで、夢が現実味を帯びてきました。

ただし、食品添加物、残留農薬など理化学検査ができる施設にしていくには設備に加え、検査できるスタッフが必要です。3年間かけての準備は、設備に加え、人の確保、養成のためにも必要でした。1991年は、他の生協の調査や準備、1992年から3カ年計画で施設を建設することになりました。1992年7月、山口市小鯖に商品検査センター着工、1994年完成。

後日談になりますが、小鯖で商品検査センターの陣容も整え、本部事務所を山口市朝田の県流通センターに移転することにあわせ、2005年に移転、現在は一般社団法人やまぐち食の安心・安全研究センターとして生まれ変わっています。

〈新聞85〉阪神大震災対応と学んだこと

30周年名称変更の翌1994年総代会で、私は金子光皓氏、村田正巳氏、岡野敏子氏に次いで4人目の専務理事に選出されました。そして、ビジョン第2次中計（1994～96）に着手しますが、1995年1月の阪神淡路大震災は衝撃でした。

創立以来、一貫してお世話になってきたコープこうべの本部ビル倒壊、家屋の倒壊と火災で町の壊滅、高速道路高架橋の倒壊などニュース映像は想像を絶するものばかりです。

全国で生協の店舗事業の強化のために、神戸で人材育成が取り組まれている時期で、山口からも数名の職員を派遣していました。いろいろな面で関わりの強いコープこうべが大変な危機に遭遇した。

●できる限りの応援！

当初は、電話もつながりません。何を必要とされているか、わからないままに、想像で物資を集め、緊急物資を送る手配から始めました。初期の対応は、応援部隊の派遣と合わせ救援物資の搬送、取引先に協力願って、神戸で必要としていると思われる物資を調達、搬送しました。派遣したメンバー報告など「本部倒壊したコープこうべは、職員のほとんどが被災者でありながら、生活物資を供給することで、パニックを起こしてはならないと奮闘している」様子が伝わり始めました。

一層の応援を！　できうる限りの応援を！　と、物資調達、搬送に加え、職員派遣などに取り組み、組合員には「震災復興支援募金」を呼びかけ、取引先の会などの募金と合わせて、コープこうべに届けました。職員募金は、先方の職員組織へのお見舞いにしました。

●震災復興の神戸から学ぶ

神戸市内での通信が途絶えた中で、自発的にできる限りの商品供給に努めた取り組み。震災直後の安否確認から救援活動、その経験で何より力になったご近所で助け合う組織を築いておくことの大切さを実感したことなど、支援活動と言いながら私たちの方が学ぶ場になりました。

生協関係だけでも、全国から延べ2万人が支援に入りました。これは普段からの心の通い合うおつきあいがあってできたのであろうこと等々、震災でのコープこうべの奮闘は実に多くの事を教えてくれました。

〈新聞86〉事業縮小店舗の継承申し出

●震災直後にKネット発足

阪神淡路大震災は1995年1月、その前々年から神戸、京都、奈良、広島、山口などの生協で、生協間の協同連帯組織の構築を目指した準備を積み重ね、「Kネット協同連帯機構」を立ち上げようとしていた時期でした。震災でも、Kネットは、予定通り4月に発足しました。復興に他生協からの応援を受けたことにコープこうべは連帯の大切さを感じ、自らの復興に着手したばかりの時期にかかわらずのスタートでした。正直、この時期にスタートして良いのかな？　という気持ちも持ちましたが、予定通りやりとげようという気概に感動しました。店舗事業の運営ノウハウの向上などをめざした連帯の模索が始まっていきます。

●イズミヤからの申し出で3店舗を生協に

その年、イズミヤから、サンやまぐちの店舗を引き継がないかという話が持ちかけられました。「この間、イズミヤグループの企業として経営にあたってきましたが、イズミヤが関東での事業展開を計画し、サンやまぐちは雇用対策などができれば閉鎖を考えたい。ついては、生協の店舗にできればそれが一番良い」という説明でした。

もともと、生協の店舗を引き受けられ、職員も移籍し、生協再生の基盤を作ってもらったものです。そのために作られた会社が、事業閉鎖をされるとあれば、可能な限り対応しなければならないと考えたのは当然です。イズミヤはここでも紳士的でした。引き取った後の生協が成り立つようにという配慮もにじませて、条件の詰めをしていただきました。

サンやまぐちとして経営される時に閉店された店、継承困難な店もあり、結果、いずみ店、小郡店、徳山店の3店を生協事業にすることになりました。いずみ、徳山は資産も取得しましたが、小郡は3年後買い取りの売買予約契約でのスタートであったことにも、配慮の跡が見えます。従業員は基本的に生協へ雇用継続、小郡店の開店にあわせコープやまぐちは近くにある山手店は閉店しました。3店舗とも、組合員も喜ばれ準備委員会を形成して協力、3店舗で5千人を超える加入を推進していただきました。

〈新聞87〉3店復活で、再生完了が認知

1995年の3店舗の復活！　その数年前から、事業収支や、財務の健全化はできていましたが、私自身、サンやまぐちに助けられての構造という、何かどこかにトゲが刺さったような感じを持っていました。それが、晴れて「経営再生が完了しました！」という宣言をしたような気持ちになれました。モヤモヤが晴れて、スカッとした気持ちです。多方面の方からも、さ

まざまなことばで祝っていただいたことを覚えています。

●足掛け16年間の歳月が

思えば、1980年に経営危機が表面化してからのさまざまな変遷でした。

1982年　山口店買い戻し約束付きで売却

1983年　5店舗事業縮小、サンやまぐち設立84年　と商調協申請、店舗を順次移行

1988年　臨時総代会、買い戻し断念と赤字決算、理事長交代

1989年　ビジョン委員会

1991年　ビジョン第一次中計

1992年　商品検査センター着工

1993年　名称変更シンボルマーク導入

1995年　阪神淡路大震災、Kネット発足、サンやまぐちからの3店舗継承

さまざまな変遷を経ての16年間。組織と経営の構造はどのように変化したのかを1983年に、95年度到達状況と決算を比較してみます。

組合員数1・9倍、班グループ数5・2倍、職員数1・8倍、パート職員数2・7倍

供給（売上）高2・6倍（内店舗1・2倍、共同購入6・5倍）

このように、共同購入事業の成長が目立ちます。年間供給高で15億円が110億円になりました。

総資産は32億円が88億円と３・３倍ですが資産内容が良くなり、負債は２・５倍、資本は（出資金が６・２倍、剰余金が６・８倍で合わせて）６・２倍に増強され、財務内容が格段に良くなりました。再生完了、改めて支援の方々、力を寄せていただいた組合員そして職員の尽力に感謝です。

❷ 新聞連載　再生完了後の質的変革期

1995（平成7）年度の3店舗復活で経営再建完了が世間からも認められてきました。1997年度、90年代ビジョンを具体化するため90年代後半期目標を「コープ2001PLAN」にまとめました。この1997年度から8年間は、安部一成ビジョン委員会座長の「ビジョン実現には質的変革が必要！」の激励を受け、さまざまなバランス整備に取り組んだ時期でした。

1　ビジョン実現に質的変革

〈新聞88〉社会に役立つ生協を築く

自らの事業縮小、臨時総代会、コープの看板を下ろして山口店をサンやまぐちで営業、阪神淡路大震災、3店舗の復活、そうした経緯をたどり、「生かされた喜び」を感じ、「今度こそ、社会に少しでも役立つ、まともな生協を築いていかねば」と奮い立ったものです。

内部起案の「90年代ビジョン後半期目標（コープ２００１ＰＬＡＮ）」に対して、安部一成ビジョン委員会座長からは、「ビジョンでは間近に迫った21世紀に、生活者の協同がどのような役割発揮できるのか透視しようとした。苦節の歴史も学びながら、運動、事業、経営のバランスをとらなければ、ビジョンは画餅に帰す」と指摘されました。

●２００１ＰＬＡＮテーマに不可欠な質的変革！

それも意識して「今日の社会で必要とされる運動と、競争社会の中で支持される事業構築」をテーマに掲げました。安部先生は次のように指摘されました。

「共同購入の伸びが横ばいになってきた、これは生協の存在価値につながる問題であり、国内の流通業界の大激戦の中で、激流に巻き込まれて主体性を失い、生協らしさが希薄になったのでは」と看過され、「『市場万能』が盛んに唱えられているいま、『協同』の価値の優越性が実践されなければならない。90年代後半期に『協同』のあり方を向上させながら、生協ならではの独自性を飛躍的に発揮できるならば、目標の達成が確実になる」とした上で、「実現へは『大きな質的変革』が必要」と激励をいただきました。

その質的変革をも目指す運動の構築と事業構造の改革をテーマに、バランス整備に取り組みました。

〈新聞89〉組合員・市民の共感を得る運動

「運動、事業、経営のバランスを取りながら進めなければビジョンは画餅に帰す」との安部一成先生の指摘は、事業縮小の苦い経験をした私たちが一番身に染みていることでした。運動、事業発展の基礎となる、組合員組織の基礎力を高めていくことは基本の中の基本です。そのためには、日々の活動の積み重ねに加え、「私たちの運動が、消費者のくらしに役立っている」という共感を得ることが重要です。そうした面で、新しく三つが具体化できました。

●行政との緊急時対策協定

阪神淡路大震災の時、神戸市とコープこうべが締結していた「緊急時における生活物資の確保に関する協定」は、震災時に山口から救援物資を送る際にも、道路規制等に対して役立ちました。神戸市とコープこうべとの同名の協定を、山口市とコープやまぐちの間で、1996（平成8）年に締結できました。同年、山口県との緊急時対策民間協定にも加わりました。

●市長と行政こんだん会

そうした協定後の田村茂照理事長と私の会話。「生協の組合員活動を、市長さんに知っていただくと、組合員にも励みになると思えるんですよね」と私。「それはエエコトジャ、進めたらエエ」と理事長。「そしたら理事の皆さんと相談して、やろうということになったら、市長さんあてに紹介状を書いていただけますか？」

そうした話が、理事会での「行政とのこんだん会」開催の確認に進み、その年14市1町で開催できました。各市へ相談に伺う理事のみなさんは、初の取り組みに恐る恐る窓口を訪れたそうですから、首長宛の紹介状はずいぶん心強かったと思います。このこんだん会、今日まで毎年全市町で続けていただいています。

●福祉生協さんコープ設立

シンボルマークに表現した「くらし・健康・文化・福祉・環境・平和」の一つ福祉にどう取り組むのか。福祉のあり方委員会で検討され、その答申を受けて１９９７年6月高齢者協同組合「さんコープ」が設立されました。コープやまぐちを舞台にした任意団体でスタートし、その後の活動を積み重ね「福祉生協さんコープ」に育っていきます。

〈新聞90〉事業で信頼獲得、不可欠

健全な生協経営を築いていく上で、前号の組合員・市民に共感を得る運動に加え、事業での信頼獲得が、不可欠です。過去には、事業拡大が先行し組合員組織力と事業高のバランスがとれずに、信頼が壊れた経験もしました。ではこのバランス、どのように測ればよいのでしょうか？　私は、「組合員一人平均の数値」でみようと言っていました。

●出資金は生協への期待が、利用高は事業への信頼感が現れる

商品供給、理念、運動などで、生協頑張ってほしいという気持ちがある場合に、はじめて出

資していただけます。今、不十分なことがあっても期待している場合には、出資金を増やしていただけます。つまり組合員の生協への期待値は、組合員一人平均出資高に表れると考えました。

逆に、供給活動で、商品、価格、サービスなど、不十分なことがあれば利用離れが生じます。納得いただいた時に、繰り返し利用いただけますが、不満足の場合、たちまち利用回数も利用高も低下します。組合員一人平均利用高には、その時々の事業への信頼度が表れます。

そのように見ると組合員組織と事業のバランスは、「組合員数が伸び続け、期待値の出資金と信頼値の利用高が伸びている」状況がベストなのではないでしょうか。増資に取り組みつつ、利用いただける組合員に支えられた事業が、本来のあり方、めざすべき姿だと思います。

●組織運営も不可欠

生協には「出資者である組合員が利用するための組織であり、そのため組合員が一緒に運営していく」という大原則があります。これをどのように実践していくのかも大テーマです。

1997（平成9）年、山口県の分散都市構造にあわせて、中部、宇部、下関、北部、周南、周東、岩国と七地域に区分して組織運営をすることにしました。その地域単位に、複数の運営委員会から組織委員を選出、地域組織委員会が形成されます。さらに理事が選出され、地域総代会が開催されるなど、その単位で、組織運営が進められ、さらにさまざまな運動が推進できる形が作られました。

〈新聞91〉共同購入事業の質的改革

共同購入の事業は、1982（昭和57）年の15億円から、1989（平成元）年に100億円を超えるまで成長することで、コープやまぐちの収益も財務構造も好転してきました。その事業をさらに発展させていくために、組合員組織との連携、物流設備の整備、システム改革等を進めました。

●7地域組織運営と共同購入センター配置

共同購入の事業は、組合員組織の運営と一体になったものです。組合員組織運営を7地域制に整理したことに連動できる共同購入センター（以下C）の配置は、運動・事業の発展につながります。加えて物流効率を高めること、賃借物件の多かった施設を自己資産に切り替え財務バランスを良くすることなどを目的に再配置を行いました。

1996（平成8）年宇部C、1997年下関Cを、それぞれ東西2つの賃借Cを統合して新しく自己物件にできました。1997年岩国Cを、職域生協の旧帝人生協跡から移転新設。1998年、山口、防府の二つを中部C（自己所有）に統合、萩Cを新設、更に、徳山Cを周南Cに変更。光、柳井Cを周東Cに統合新設、急ピッチでした。これで共同購入Cの骨格が形成でき、これより後の配置は、2007年の厚狭Cと周南西Cで現在の形になります。

●個人別配達を開始と第二次システム改革

それまでは共同購入事業の名前の通り、組合員でグループを作っていただき、グループ全員の分をまとめて配達という方法だけでしたが、だんだん「個」が主張され、隣近所でのまとまりの難しさが言われ始めていました。そのニーズに合わせて、２００１年から個人別配達を開始しました。

共同購入事業は、組合員データと商品データを組み合わせ、組合員からの注文を受け、その商品の集計、取引先への発注、入荷、仕分け、配達管理と一貫した流れをコンピューター管理で行っています。２００２年度に、そのシステムを改善し、多品目の商品を扱えるようにしました。商品案内の改善も行い、商品名をプリントした注文用紙にするなど、ずいぶん利用しやすく改善できました。

〈新聞92〉店舗事業のウェイトを高める

全国的に見ても生協は、共同購入事業で発展を遂げてきました。もちろん店舗を主体に発展してきた生協もありますが、どちらかと言えば、それは少数です。コープこうべを中心に事業連合機構「Kネット」が作られたのも、主に店舗事業の発展を企図したものでした。全国の生協やKネットでは、小型店ではなくスーパーマーケットスタイルの標準店を作り、それを展開する姿を目指すことが中心でした。

●うべ店ときくがわ店出店

小型店の展開を計画した時期、上宇部に50坪タイプの店舗を作り、宇部地域や周辺の組合員の熱心な応援に支えられていました。その上宇部店をもっと大きくするという形で、市内恩田に宇部店を作ることになりました。組合員の参加で開店準備委員会が作られました。店舗への要望が話し合われ、組合員組織を広げる取り組みも進められ、食品をフルライン取り揃えた４５０坪タイプの店として１９９７（平成９）年10月開店。順調な滑り出しを見せました。

きくがわ店は、同年11月、菊川町に地元商業者の手で造られていた商業施設のキーテナントに入ることになりました。町村部への出店もコープやまぐちとしては初の経験です。

この両店の出店を報告する総代会では「両店舗とも、90年代ビジョンにかかげるコープやまぐちがめざす店舗事業を具体化したものです。順調に推移する宇部店の経験を、全店に普及させます」と報告しています。

●ほうふ店準備

その総代会報告は、さらに「事業縮小以来、これまで店舗事業の展開ができていなかった防府市に、１９９８年度の開設をめざして店舗用地を確保しました。開設に向け、組合員による準備活動が始まっています」と報告しています。

ほうふ店は、１９９８年オープン、しかし、計画通りの順調な業績を上げることはできませんでした。さらに同年、小野田店を増床、このように店舗事業のウェイトを高めることに力を注ぎました。

2 質的変革も収支バランスが基本

〈新聞93〉収支のバランスに黒字は生命線

バランス経営、その最たるものが収支バランスでしょう。事業収支の黒字、当然に必要なことです。黒字が継続できて初めて事業の継続発展が可能です。その黒字話にあたっては、会計の世界でウソをつくなと教えられたことを思い出します。

赤字を出せば、上場企業の場合、株価が下がります。非上場企業やその他の法人の場合、金融機関の借入れなど資金調達が困難になります。そのため、経営を預かっていると黒字決算をしたくなります。例えば、今期で費用にしたほうが良い出金でも、効果が来期以降に及ぶ場合、繰延資産として翌期以降の費用にすることなど、多少の無理な決算を行うことが可能です。そういう恣意的な会計報告がされてはならないので、公認会計士監査制度があります。

●公認会計士監査の導入

コープやまぐちも、2000(平成12)年から監査法人と契約し、公認会計士監査報告を行うようにしました。公正で明朗な会計報告が担保されるようにできました。その導入も指導いただいた福田繁氏は山口出身で、日本生活協同組合連合会専務退任の後、公認会計士事務所を開かれた方でコープやまぐちの経営監理委員でした。

●赤字は赤字と正直に！　それが問題解決に！

福田先生は、「赤字なら赤字で正直に報告する。そのことで解決しようという力ができる。それが大切で、飾って黒字と報告するとその状況を変えていこうという力が出てこない。次にそれを直視して、解決策を考える集団をつくることだ！　だから会計は正直でなければいかん」と折に触れ語られました。

●正直でそして配当できる黒字決算を！

さて共同購入のインフラ整備、店舗供給の割合を高める積極的投資の結果、収益性が低下してきました。さらに流通小売業は、経済状況、競合状況によって影響を受けます。そうした影響も受け、１９９８年度まで１億円を超えていた税引き後利益が１９９９年度９千万円、その翌年は１千万円台に低下しました。配当できない状況ですから脱出しなければなりません。しかしそれは簡単な話ではありません。なんとか業績改善をと悩んだ時期です。

〈新聞94〉事業建て直し３カ年計画

１９９９（平成11）年度はまだ配当できましたが、収支構造が悪化していましたので、それを変えていくことに着手、「事業建て直し３カ年計画」に取り組みました。

結果を先に述べますと、2000年度から2003年度までの4年間、出資金配当ができなくなりました。そのためさらに2002年から3年間、事業構造改革プログラムとして継続、つごう6年間の収益改善に取り組むことになりました。

事業建て直し、改革プログラムどちらも、収支構造を変えようという取り組みですから、当然、「入るを量りて出ずるを制す」ことになります。多少、近視眼的なコストカットもとりましたが、収入を増やす構造を作りたいとその方に重点を置いたように思います。特に共同購入では、次のようなことがポイントになりました。

●組合員と職員の協力

1998年度までに進めた共同購入センターの機能を活かし、組合員組織と職員組織の運営をリンクさせることが進められました。1997年度、7地域、13ブロックにわけた組合員組織運営を、1999年度には41ブロックに再編整備、ブロックごとに1名の地域組織委員を選出し、ブロック内のコープ委員会、組合員の自主活動を活発にすることを指向することになりました。それに対応した職員組織も8センター41チームに編成。チームリーダーがブロックの組合員活動の事務局を受け持ち、「職員組織・組合員組織が一緒になって事業と運動を進める、ともに支えあえる組織」をめざした整備がされました。80年代の成長期の原動力になった、組合員と職員の連携などを再び成長力にしたいと考えたものです。

●個配で利用低下に歯止め

さらに、個配（グループ単位の配達でなく、個人宅へ配達）開始に向けて、２００１年度から、商品の個人別仕分けシステムが整備でき、個人別配達が開始できました。このことで、１９９４年度以降続いていた、前年度よりの利用の低下に歯止めがかかりました。

〈新聞95〉宮野店閉鎖とダイエー跡出店

事業建て直しに着手した１９９９（平成11）年、山口市街地を通る国道9号線が、県庁前を通るルートに変更になり宮野店前を通らなくなりました。その商業環境のマイナス影響を克服できず閉店を決意、組合員との話し合いに入りました。多くの組合員が力を出して来られた店です。環境が変わったことを説明しますが、「若いころ、一生懸命力を出してきて、高齢化して今からは支えてもらいたいと思う時に閉鎖するのか！」などと怒られ、しかし維持できないことを繰り返し詫びながら、２０００年に閉鎖しました。

●中心商店街活性化の動きと生協への出店要請

その年、中心商店街活性化のため、山口市内で閉店したダイエー山口店跡の活用が検討され始めました。山口市が資産を買い取り、そこへキーテナントを誘致し、商店街の活性化を図ろうという計画です。天下のダイエーが閉鎖された物件です。なかなかキーテナントで入店を受諾される会社もなく、生協に入店が要請されてきました。

以前のコープ山口店（1989年サンやまぐちへ看板変更その後閉店）と至近距離にあります。過去の経緯からも出店したい場所ではありますし、市や商工会議所、商店街等からの要請など初めてのことです。しかも、事業建て直し3カ年計画に取り組み始めた時期であり、さらには宮野店を閉鎖予定です。どうするか、ずいぶん検討を重ねました。組合員討議も経て出店を受諾、2001年コープどうもん店を開店しました。

どうもん（ダイエー跡）店は、現在のどうもん店とは少し場所が違います。後日談になりますが、旧ダイエー山口店は1969（昭和44）年開店でしたから、建物の耐震構造など補強が必要になりました。そこで2007年、市が新たに隣地を確保され、商工振興組合が国等の制度融資を受け建物を建設、コープやまぐちは入居保証金を拠出して入居しました。

さて店舗事業改善は、2002年ほうふ店改装、いずみ店（山口市吉敷）を食品強化で改装し、同店近くのゆだ店はブックセンターに変更。2003年、残念ながらきくがわ店は閉店しました。

〈新聞96〉食の安心安全と表示偽装事件

食の安全は、組合員の願いの中で最も大きなものと言えるでしょう。検査室の開設以来、検査活動も継続し、その内容は機関紙で報告しています。1997（平成9）年に、生協が事務局を担って山口県産直推進協議会が発足。産直活動を推進し、食の安心の一つの柱に育てていこうとしました。食の安心安全をめざして、商品事業では１９９８年、遺伝子組み換え食品のガイドラインにもとづく商品政策の策定、２０００年、コープやまぐち「食の安全総合政策」の発表、山口県産原料シリーズ10品目開発等を進め、組合員の運動としても食品衛生法改正を求める署名を進めていました。

●産直でまさかの表示偽装！

その最中の２００１年にショッキングな事件が発生しました。大分県の中津下毛農協とは、組合員が産地訪問しての交流も何度も行うなど、産直活動として、長年にわたって農産物の仕入れを行ってきていました。その中の看板商品でもあった黒豚が、実は黒豚だけではなかったことが発覚しました。

大分と山口で、同日に行政届出、記者発表を行いました。食の安心・安全を主張してきた生協が、表示偽装当事者です。山口新聞１面にカラーで謝罪会見の写真が掲載されるほどの社会からの関心も高い事件でした。その前に起きていた、雪印乳業の食中毒事件では、雪印製品の取扱い中止をいち早く決め、１ローカル生協の記者会見がＮＨＫの全国ニュースで報道された経験も持っています。そうした経緯があるだけに、当事者として身の置き所のない状況に陥りました。

●再発防止に調査委員会

起こしたことには当事者としてしっかり対応すること、再発防止に努めることです。そのため「表示偽装調査委員会」を設け、経緯の解明、組合員への弁済、中津下毛農協との関係整理、再発防止に当りました。そして、その経験も活かしながら、2002年度を、「食の安全と食糧問題を考える新たなスタート年」として、山口県へ食の安全行政強化を求める署名活動や産直フォーラムなどの取り組みを開始しました。

〈新聞97〉生え抜きで常勤役員体制

このように質的変革をめざしてきた中で、2003(平成15)年創立40周年を迎えました。その年の5月の総代会で、理事長を15年間務められた田村茂照氏から私に交代することになりました。質的変革の一環として常勤役員体制を見ておきます。

●3代目で初の職員出身理事長

理事長初代は創業者藤村節正氏、25年間務められ闘病中の退任でした。代わって田村茂照氏が、経営危機のピンチに対応され、その後の安定基盤ができたところで、「40周年事業は過去のことを言うのではなく、新しい理事長が新生生協をアピールすべき」と考えられ私が指名いただきました。総代会では、生協職員からの初の登用として歓迎されましたし、それだけに身の引き締まる思いでした。

●女性専務・副理事長

実務執行の責任者である専務理事は、私の前は岡野敏子氏が1991年から3年間就任、専務としては3人目でした。私が専務に昇任した1994年から副理事長に就き1999年退任、福祉生協さんコープの設立に大きな貢献がありました。

●幻に終わった栗崎専務

2001年、役員体制の変更を準備していました。次の専務に内定していた栗崎勇二氏が、その人事を行う総代会の直前に突然職場で倒れ、そのまま不帰の人となりました。有吉理事長、栗崎専務での執行を、総代会当日発表する矢先の出来事でした。

栗崎氏は常任理事、常務理事を8年間務めただけでなく、その前から長く経営の中枢にいて、非凡な才能を発揮してきた人物であり、私とは、長く盟友でもあり、つくづくその逝去を惜しんだものでした。頭脳明晰で、今でも、彼が存命だったら、コープやまぐちの経営はもっと変わっていたのではなかろうかと思いだします。

●生協育ちで役員を形成

そのため、私の理事長就任は2年間後2003年になりました。そして、2年間の実績をつんで岡崎悟常務が専務に就任することになりました。理事長、専務が職員出身者で形成されたのは初めてでした。以降、岡崎理事長（2013年就任）の時に山崎和博専務、山崎和博理事長（2021年就任・現）の時に米原直樹専務と、常勤役員を生協育ちで形成できるようになりました。

〈新聞98〉質的変革を終え、40周年

瀕死の状態を外科的手術で救済されました。その後、自分で食事でき自分の足で立てるようにと努め、どうにか自力で身の回りのことができるようになりました。そして外部有識者委員により「90年代ビジョン」の作成をお願いし、座長であった安部一成先生から「ビジョン実現には質的変革が必要」との指摘をいただき、その内容を「信頼回復から質的変革へ」で振り返ってきました。

その内容は、運動、組織と事業、投資、収支バランス、常勤役員体制などで振り返りました。質的変革期は、店舗事業の収益など問題も残し、完了とは申せませんが、次のビジョン実現ステージへの転換が見えてきました。そうしたタイミングで迎えた40周年、改めて飛躍に転換できる大きな区切りにしたいと思ったものです。その年に、理事長に就任できたのも、何らかのめぐりあわせだったのでしょうか。

●40周年大きな区切りに

2003年秋、創立40周年の記念式典を開催、復活なった生協を、役職員、取引先などの直接の関係者に加え、多くの方々に祝っていただきました。主賓の二井関成知事（当時）には、生活協同組合主管部の民生部長時代に、経営危機脱出に心配をおかけし、尽力いただだいていました。日本生活協同組合連合会の会長は、コープやまぐちの理事を務められた小倉修吾氏

（コープこうべ理事長後、日本生協連会長）でした。

お二人とも過去の苦節をご存知の方ですから、復活なったことのお祝いは真に迫った内容で、ありがたい激励でした。

●イズミヤへの感謝

そして、かつての経営危機にサンやまぐちという受け皿会社を設立し、コープやまぐちの赤字店舗を引き取るなどの協力をいただいたイズミヤ株式会社（大阪府）の酒井弘専務に感謝状をお渡しできました。40周年を祝う会場とは別に、「県内生協の経営立て直しにご協力いただいた」と、山口県副知事から謝意を述べていただく場をもっていただきました。

改めて40周年が大きな区切りになったというのは、バランス整備を終え、苦節の時代を繰り返さない体質への転換ができたと言えると思うからです。

第6章／共感から共鳴へ！

再生の手引きになった
「街まちに協同する姿のあるやまぐち県を」

事業縮小の後の失った信頼を回復し、健全な体質を実現するという経営再生の取り組みは、職員組織は経営課題を共有して、それを達成することを繰り返していくという営みの中から、目標達成意欲も、職場での団結力も、組織への求心力もできてきます。

もう一方、組合員の皆さんに力を出し合っていただける生協にしなければ、もっと大きな力になっていきません。共感いただけることが第一歩です。そのためには、職員の対応と信頼される商品供給と、生協の運動目標・何をめざしているのかなどを示し、共感をいただかねば、出資や利用などの力を出してはいただけません。さらに共鳴いただけた時、大きな力を寄せていただけます。

私は、組合員組織と職員組織は、バランスシートに載らない財産！　ととらえました。

この章は、組合員の皆さんに力を出し合っていただいたことと職員の関係、その組織が10万人を超えるような大組織になった時の運営について説明します。

❶ 打てば響く「組合員」。まずは共感を！

1 経営再生は人的資源の力で

6中計プロジェクト委員長という、経営再生の中心の役目を与えられた私は、組合員組織と職員組織、この二つの人的資源こそが協同組合の無形の財産、これを活かすことを基本におきました。前の「火中の栗を拾う」で職員・仲間が力になったこと、心強さに触れましたので、ここでは、もう一つの「組合員組織」のこと、この二つ、これは車の両輪のように片方が回ったのでは進みません。

2 組合員の善意に、誠意を持って応えよう

私は、共同購入の事業を開始した頃、職員にこのように呼びかけていました。

組合員の皆さんは、自分がたとえ牛乳一本にしても自分が必要と思われた時、出資金を出し

て生協に加入される。そして「安心して使用できる商品を手に入れるためには、力を出し合うことが大切」と気付かれた時に、そのためには力も出しましょうと、近所のお世話をされたり仲間づくりにも取り組んでいただける。この方々がお知り合いにコープのことを紹介されたりするのはみんなボランティア、言ってみれば、「善意」で力を出していただける方々です。それに対して、「誠意を持って応えよう」と言い続けました。

3 職員の誠意が伝わった時が、共感の第一歩。ファン組合員に！

現在の仕組みは、個人単位で利用できるように変化するなど、ここに書いた方法よりずいぶん変わってきていますが、当時の共同購入という班単位で商品を購入する方法は、通常の買い物に比べ面倒でした。

まず、自分が出資金を出して組合員になります。当時は1班5名で集まってくださいとお願いしていましたので、ご近所や職場で一緒に参加する人を誘います。そして職員を呼んで説明会を開き、班長を決め、当番の制度などを決めます。

たいてい言い出しっぺの方が班長なり、最初のお世話をされます。その方は時としてお誘いした皆さんに対して自分がコープの代理人のような立場に立たされるようなケースさえあります。

生協から届いた商品案内と個人が書き込む注文書を回覧し、みなさんが書かれた注文を集計して、その数字をコープの担当に渡し、その１週間後に商品が届くのです。

それをみんなで分け合い、ようやく利用できます。

さらに集金もしなければなりません。その週の代金は翌週の配達の時に担当者に渡します。

それだけ手間ヒマかけてさあ使いましょうという段階で、もし不良品であった時、思いや期待と違った時、通常の買い物以上に落胆も大きいし、場合によってはお怒りになります。さらには、配達担当者が商品や数量などを間違えて届けたりすると、センターに電話されたりまた一苦労をおかけします。

だからふだんから間違わずに正確な仕事をしよう、誠意を持って対応しよう。期待に応えようと、言い続けたわけです。

ミスがあってもその回復に一所懸命にあたれば、たいていの場合許していただけます。場合によっては、その対応で、ファンになっていただける場合もあります。誠意が大切です。

ファン組合員とは？

組合員は、出資金を出して加入します。出資の目的は利用することです。そして利用する上で、生協の運営に参加します。生協では、出資金も利用高も高くしていただくことをめざしています。出資金も毎月のように増資していただける方、毎回の利用をいただける方、何かあれば意見も言っていただけるし、班会や班長会などにも参加いただける方は、生協に取ってありがたい、うれしい組合員です。普通このファン組合員という言い方はしていませんが、ここでは分りやすくとファン組合員としました。

商品が良かった、担当職員の対応が良かった、ファンになっていただく入口は、たいていそのあたりにあります。逆にそれがまずくて、折角のご縁があっても脱退されたり、利用につながらなかったりするケースも生じてしまいます。供給する商品を正確に届け、誠実に対応する業務を積み重ねることが、ファンを増やすのに一番大切なわけです。

4 バランスシートに載らない「財産」

企業業績報告には、「損益計算書と貸借対照表」は必要不可欠です。損益計算書は、一定の期間を区切ってその期間中の損益が表示されます。

もう一つの貸借対照表、これは定めた期日の企業の財産のすべてを借り方（左側）に表示し、その財産をどういう方法で調達しているかを貸し方（右側）に表わします。

財産の中身は、流動資産（1年以内に換金可能な資産）と固定資産（それ以上後に換金できる資産）、繰延資産（先々効果があり、さきで償却することが必要な資産）に区分されます。

その資産を形作る資金がどのように調達されているのかが、負債（1年以内に支払が必要な流動負債とそれ以降に支払いが必要な固定負債）と資本（資本金と内部に蓄積したお金）で表現されます。企業が持っているモノとカネはすべて貸借対照表に載るのが原則です。会計の原則ですから、会計上の全財産が左側に表示されるのですが、その貸借対照表、いわゆるバランスシートに載らない財産があります。

「ヒト、モノ、カネ」の内？

企業経営に不可欠という時に言われる三要素、「ヒト、モノ、カネ」で考えてみますと、この内、「ヒト」の部分、これは、在籍者が何人いて、経験値、熟練度がどうなのか、年齢や性別などがどうなっているのかも、付属資料で説明できても貸借対照表には表しようがありません。ましてや、「士気」が高いのか、どんな「ノウハウ」を有しているのかなど（特許権や商標登録しているなどを除き）表わしようがありません。

コープやまぐちには、火中の栗を拾う判断の章で書いた、「この運動を絶やすまい！」全力で頑張ろうという信頼できる仲間がいます。それを一つの財産と書きました。このメンバーに力を発揮してもらうこと、中期計画を作っていく上で、この財産を活かすことがキーになると考えました。これも数字では表記できません。

さらに生協には組合員という、いわばオーナー集団がいます。

生協ならではの財産

生協の、出資者であり、利用者であり、運営者である組合員が数万人という組織は、他の企業から見れば実にありがたいものでしょう。これまた、出資金の額は貸借対照表に載っていますが、人数などは他の付属資料を見なければ分りません。利用額の合計は損益計算書の供給高（企業の売上高）です。

この方々に、出資金を増やしていただく、利用を増やしていただく、経営にとってすぐに効果があることです。その人数を増やすことも、共同購入参加組合員を1万人にという目標を持って、それができたらシステムを改革すると言っていたようなことからも明白です。

6中計の起案にあたっては、「組合員組織」と「職員組織」、この二つの人的資源のもつ力を最大限に発揮できることに依拠すべきだと考えました。6年後に本店買戻しの力を蓄えるには、出資金を増やすこと、利用を増やし事業収支を改善すること、蓄えを増やすことが不可欠です。

5「仲間づくり」で生協を強くする

ありがたかったのは、生協のＣＯ-ＯＰマークへの信頼感が高かったことです。それまでの、洗剤運動。食の安心・安全の運動、産直運動などの積み重ねで、コープマークへの信頼感が高くなっていました。

その期待に応え、さらに多くの消費者利益を獲得しよう。そのためには、組合員数をもっと増やしていくことが大きな力になって来る。そのことを、商品づくり、利用しやすいシステム作りを中心に訴えました。

とりわけ共同購入事業は、先に書きましたようにきわめて原始的な方法で進めていました。それを、組合員が1万世帯になれば、コンピューターを導入して、個人別の機械読み取り式の注文用紙にしたい。そうして当番の集計作業を無くしたい。それを第一次のシステム改革として目標にしていました。６中計の初年度の１９８２年にそれが実現でき、その後の組合員加入呼びかけに有力な武器になったことはラッキーでした。

仲間づくり運動として

さらに商品開発の力を大きくしよう、システムももっと良くしよう、そのために、仲間づくり運動にみんなで取り組みましょうと呼びかけました。私たちの生協を大きくすることで、みんなの願いを一歩一歩実現する。そのために、隣近所、お知り合いに知ってもらい、加入してもらいましょうという運動提起です。

加入していただけそうな方を紹介していただく、その前に「口コミ」で伝えていただきたい。紹介用のチラシを作成しました。商品を持っての展示説明会も小さな単位で開き、その近くの組合員の方々には知り合いを誘っていただくような取り組みもしました。紹介用商品サンプルを配布できるようになるのはズーッと後の事です。最初の頃は、ひたすら組合員の善意に頼っていたような気がします。

中期計画の中では、特にその組合員数の拡大が、出資金、利用高を増やす上で大きい役割を発揮しますから、折に触れて仲間づくり運動を提起しました。生協の組合員は「出資し、利用し、ともに運営する」このことを、三位一体の関係と言っていますが、それに加え、「三位一体プラス仲間づくり」が組合員みんなの生協を強くすると位置付けていました。

6 基礎にあるのは組合員の共感

その運動は、組合員に共感していただくことが無ければ実現しません。

使った商品が良かった、納得できたというのが第一歩です。その商品を求めるためには、隣近所でグループを作り、共同購入をします。その上で、商品を開発したり、利用しやすいシステムをつくることに賛成してもらえた時、知り合いに声をかけようという次の一歩を踏み出してもらえます。言葉の上では、「共感」された時という表現が一番合っているように思います。

使ってよかった！　という満足感が高いことが、ファンになっていただける第一歩でしょう。この段階で納得、満足感が得られないと、「そうは言ってもね？」と次の利用につながりません。

特に、子育て時期のお母さんの「安心・安全」への気配りは強いものがあります。食品添加物は、例えば日持ちを良くするとか、色合いを良くして商品価値を高めるとかさまざまな目的で、加工食品にたくさん使われています。保存料によって食中毒になる菌の増殖を防ぐとか、食生活を豊かにするなどのメリットもありますが、健康被害や発がん性なども指摘されるなど、厚生労働省が安全を確認して許可しているのですが、「安心して食べるには、使わない方が良い」といった「安心」へは、根強い関心があります。

安心できる商品を届けることが、「共感」という心のつながりを作っていきます。

❷「共感から共鳴へ」組織の合意形成と運営

1 共感から共鳴への変化

コープマークの商品を開発する取り組みも組合員の代表参加で進めました。最終段階の試作品の利用アンケートなどにも大勢の組合員参加がありました。

産直商品の現地での生産者との交流や、親子での田植えや稲刈りへの参加も、生産のご苦労を体験する中で共感を広げました。

CO-OP商品を作っていただいているメーカーの工場見学なども勉強になるだけでなく、信頼感が醸成されていきます。そうした商品を通じて、学び行動し納得できた時、利用を広げたり、運動への参加を呼びかけたりと、次の行動に移ってもらえます。これを私は、共感から共鳴に変化したと考えました。

2「共感」は、出資と利用にどう表れるのか？

共感された時の、組合員の気持ちとそれが数値にどのようにつながるのかを考えてみました。出資金が増えるのは、組合員がその必要性を理解され、生協ガンバレとエールを送っていただいている時、つまり出資金は、「生協ガンバレ」という期待値だと思えます。

利用高はどうでしょう？　一人平均月利用高で考えてみると、利用回数×1回利用高。これはさらに利用点数×商品の平均価格に分解できます。

すると、自分が良いと思っておられる商品が多い方が利用点数も、利用回数も高くなります。そう考えると、一人平均利用高には、商品に対する期待感、納得、価格は特にそうですが安心感などで合格点がいただけ、さらに供給（企業でいう販売）にあたる職員の態度なども評価された時、つまり信頼していただけた時だと思います。換言すれば、利用高には信頼されている数字が表れるようです。

ここまでは共感されている数字として見ることもできるでしょう。どちらも高めていきたいものです。

3 「共鳴」で活動参加が加速する

次に運営参加についてみてみます。運営参加というと難しいのですが、「あの商品、鮮度が良くなかったよ」と利用されての感想や意見を伝えたり注意されたりすることも運営参加の第一歩と言えるでしょう。アンケートに応えること、コープからの機関紙やお知らせなどを読んで、それに対応していただくこともあるでしょう。

班会という班の中での話し合いに参加すること、班を代表して班長会に参加すること、商品開発でテスト商品を使ってアンケートに応えてもらうこと、さらには、コープ委員会などに参加すること、後に出てきます総代を引き受けていただくことなどは、運営参加の最たるものです。

知人にコープのことを話すこと、加入してみようと進めることなど、こうした行動をとってもらえるということは、運動に共感した段階を超えて、共鳴していただいていると言えます。

（ネットで検索すると、「同じ感情」や「同じ考え」のウェートが大きいのが「共感」ですが、「共鳴」は「同じ意見」や「同じ思想」といったもののウェートが大きくなります。さらに、同じものを「感じる」のが「共感」ですが、「共鳴」は感じるだけではなく「同じ意志を持つ」という部分も違いのポイント。とありました。）

共感を得ていくの次には、共鳴していただけるようにしたい、運営に参加いただける方を増やしたいと考えました。

4「組合員10万人」を運営するしくみ

ところで、10万人を超えるような規模になった生協の運営はどのようになっているのでしょうか？

生協の運営のしくみを日本生協連のホームページでは、次のように説明しています。

意思決定と運営に必要な「機関」

生協の事業や活動を進める上で、組織としての意思を決定し、それに基づいた運営を行うためには、役割を持つ人や会議体が必要になります。そうした人や会議体を「機関」と呼びます。

生協法では「総（代）会」「理事会」「代表理事」「監事」が機関として定められています。

それを下の図で説明しています。

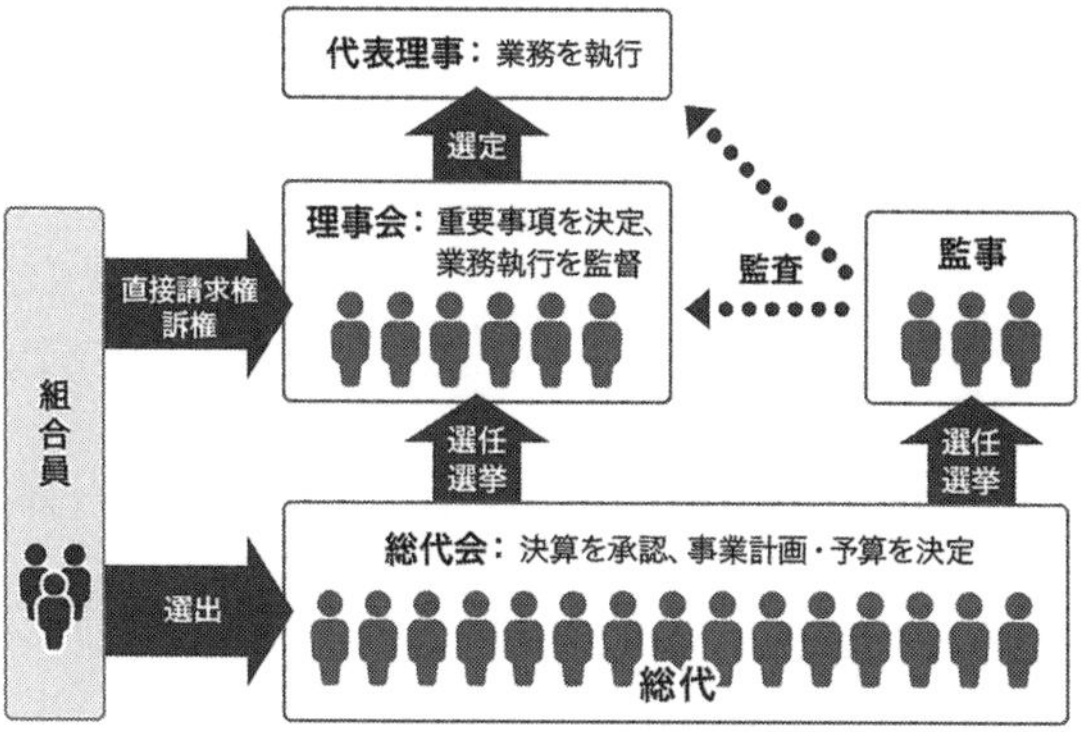

代表理事：業務を執行
選定
理事会：重要事項を決定、業務執行を監督
監査
監事
組合員
直接請求権
訴権
選任
選挙
選任
選挙
総代会：決算を承認、事業計画・予算を決定
選出
総代

総代会（株式会社の株主総会にあたる）は一人一票制

「総（代）会」と記載されていましたのは、組合員数が一定以上の生協では、組合員全員が参加する総会に代わって、組合員から選出された代表（総代）が参加する総代会を開催することができるという生協法に基づいたものです。

ただ株主総会と決定的に違うのは、株主総会の議決は株式数で数えることに対して、生協の総代会は総代一人一票です。したがって、総代一人一人の理解を得ることが重要になります。

5 コープやまぐちの意思決定機関

総代会

生協の運営に関わる重要事項を決定する最高の意思決定機関です。通常年1回開催します。その年の業務報告を行い、決算報告、監査報告、剰余金（欠損金）処分案と、次年度予算や年間の活動方針、改選年度には役員の選出などについて議決されます。

総代の選出

組合員の中から総代を選出します。地域別に選出枠が定められ、地域での選出手続きの規定に沿って総代が選出されます。総代の人数は、組合員10万人規模の場合約５００人です。

理事会と代表理事

総代会で任期に合わせて理事と監事の選出が行われます。理事は、地域の組合員から選出される組合員理事、全域から選ばれる全域理事、常勤からの理事、学識経験者からの選出がそれぞれ決められた手続きで進められます。図にありましたように、理事会は重要事項を決定し、代表理事が業務執行し、理事会はそれを監督します。

経営執行については、代表理事のもとに常勤の役員が分掌し、職員組織が日常業務を分担して行っていくという仕組みです。

ところが組合員組織の運営と、地域で自分たちが関心の高いテーマに取り組むような組合員運動は、総代会、理事会という機関だけでは進んでいきません。組合員の多様な参加の方法が必要になってきます。

そこで総代会という機関の運営を円滑に行うことと、組合員組織の運営と運動の展開を行いやすいように、工夫を積み重ねています。

6　多様な参加形態がある「組合員活動」

コープやまぐちの活動エリアは、県内一円ですので、それぞれの地域のまとまりが一つのポイントになっています。

コープ委員会活動

組合員どうしの学びあい・つながりあい、コミュニケーションの場として、より身近なエリアに「コープ委員会」があります。商品を中心としたくらしに関するさまざまな話題をおしゃべりしあい、くらしの知恵や生協の活動などを学びあい、組合員の「思い」や「ねがい」を生協につないでいます。

委員会は小学校区内のような身近なエリアで6人以上が集まり、毎月1回開催（日時や場所は自分たちで決めます）。コープ委員会は、現在山口県内約100カ所で活動中。

テーマグループ活動

普段のくらしの中から生まれる関心事、「子育てのこと、誰かに相談したいな」「使わなくなった布で何か作ってみようかな」「最近運動不足……」などなど、組合員のいろんな「やってみたいな」を応援するのが「テーマグループ」。組合員を含む、5人以上が集まったら地域を問わず、自分たちの好きな興味や関心をテーマに自由に活動できるグループです。

地域の実行委員会

広く組合員や地域住民を巻き込んだイベント・催しなどの具体的な企画を組み立て・準備・実施を主体的に行う、組合員の自主的な活動を応援します。地域で「やってみたい」「楽しく元気な地域づくりをしたい」活動があれば、同じ地域にお住いの数人～10名程度で実行委員会を形成します。

分野ネット活動

同じテーマに関心を持った組合員どうしの集まりで、生協とつながりながらくらしや地域・生協を良くしようと取り組まれる自由な活動です。テーマは「商品、平和、環境、福祉、子育て、くらしの見直し」の６つの大きな分野で、分野テーマに関心がある組合員なら誰でも参加できます。原則、メンバーは同じ地域内にお住いの６人以上です。

7 分散都市構造の山口県にあわせた組織運営

かって大内氏の統治した室町時代、西の都として栄えた山口市は今も県庁所在地。大内氏に代わった毛利氏は、関ヶ原の戦い以前は中国地方を統治していたものの、関ヶ原以降防長2州（周防と長門、今の山口県）に閉じ込められ、なおかつ山陽路側に築城が許されませんでした。日本海に面した萩に城を構え、長府、厚狭、徳山に支藩を置き、毛利両川といわれた吉川家の岩国とあわせ、お城、つまり城下町が散在しました。

経済・産業面でも特徴があります。本州西端として大陸との玄関口にもなって栄えた水産業の下関市、石炭産業から今の重化学工業に発展した宇部市、戦後は石油コンビナート都市として栄えた旧徳山市は下松市、光市と連なっています。同じく工業都市でもあり、基地のある岩国市。

平成の大合併後も13市6町があるという分散都市構造です。それぞれの地域に歴史、文化、特徴があります。例をあげれば、政治・行政は山口市、人口で一番は下関市。第一地銀本店は日本で2番目の日本銀行支店のある下関市、第2地銀は周南市。国立大学は、本学は山口市ですが、医学部と工学部は宇部市。民間放送会社は、山口市2社と周南市1社。県域地方紙は下関市。

一極集中になっていないことで強みもありますが、ヘソがない県ともいわれており、県域全体をまとめる力は集中しづらいと言えるのではないでしょうか。両隣に、広島市、北九州市という100万都市があることも、さまざまな影響を受けています。

1985（昭和60）年に160万人の人口はそれ以来減少を続け2022年には132万人へと、人口減少県別ランキングは全国10位に位置している現状もあります。このそれぞれは生活県域を構成していますから、生協もそれに合わせた工夫が必要です。

8 組合員組織の県域を7地域、26ブロックに分けた運営

そうした分散都市構造に合わせ、それぞれの地域の特徴も活かし、次の7地域と、地域内をブロックに分けた運営をしています。

中部地域（山口市、防府市）　5ブロック
宇部地域（宇部市、山陽小野田市、美祢市）　5ブロック
下関地域（下関市）　4ブロック
北部地域（萩市、長門市、阿武町）　2ブロック
周南地域（下松市、周南市）　4ブロック
周東地域（柳井市、光市、周防大島町、田布施町、平生町、上関町）　3ブロック

岩国地域（岩国市、和木町）　3ブロック

地域と機関の関係は、地域別の総代会を開催し、各地域から組合員理事1名を選出します。

9 地域単位で進める組合員組織運営と運動

地域の組合員理事選出に併せて、地域組合員リーダーが各地域それぞれ1名選出されています。その理事とリーダーに加えて、各ブロックからはそれぞれ2名の地域組織委員を選出します。それに事務局が加わって地域組織委員会を構成しています。

地域内のコープ委員会や分野ネット、テーマグループの活動等の自主的な活動の応援、組合員の声を受け止め話し合い、地域で活かせることは活かし、全体にも反映するようにしています。

地域別総代会を年3回開催

議決することができるのは全体での総代会ですが、そのためには現状理解も大切ですから、次のように年3回の地域別総代会を開催しています。地域組織委員会が運営を担います。

コープやまぐちの会計年度は3月末日の締めですから、その決算報告等の通常総代会は6月末までに開催が必要です。通常総代会で決まった活動計画などの上半期のふりかえりと次年度計画に向けた意見交換を秋の地域総代会で行います。春の地域総代会で、次年度計画の概要提案、5月の地域総代会で通常総代会の議案提案と審議が行われます。このようなサイクルの運営で全体合意を作る努力をと地域テーマの話し合いを継続的に行っています。

全体での通常総代会は合意形成の場に

したがって、全体で集まる年一度の通常総代会は、組合員の心合せの場、力を発揮する方向を決める場にしていこうという場になってきました。

第7章／恩返しは地域社会へ・山口トライ

「コープやまぐち女性いきいき大賞」第1回表彰式

倒産寸前の生協が救済され、何とか立ち直った、これ自体が山口トライともいえるでしょう。

そのドラスティックな流れの渦中にいた私は、ほぼ再生がかなった創立40周年を秋に控えた2003年5月の通常総代会で第3代理事長をおおせつかりました。

倒産回避のため大きな支援を受けました。多くの方々から直接・間接の支援、指導も受けました。これらの方々に感謝することはどうすれば良いのか？「コープやまぐちを地域社会になくてはならない組織にしていくこと！これが一番ではなかろうか？」あまり公言はしませんでしたが、胸中にある私の思いでした。表現していたのは、「山口県民のくらしになくてはならない生協」を築きたいでした。

それをどのように築くのか、理事長に就任した私は、次の目標を定めるため、組合員の「こうなったらいいな、私の生協」のメッセージ募集し、組合員代表の「のぞみ委員会で整理」、それを職員のプロジェクトで中期計画に具現化したいと考えました。

赤ちゃんサポートと子育て支援、

シルバーサポートとしての夕食宅配、

運動面ではボランティア団体応援の女性いきいき大賞の創設、

県立大学と「私らしく生きる生き方講座」の開設、

さらに地域社会との共存のテーマで、

商品検査をＪＡ農協と共同で運営、

山口らしい国際協同組合、

ダイエー山口店跡の土地を市が所有、商店街振興組合が建物建設、生協がキーテナント入店、

福祉生協さんコープの支援などなど……。

これらは、支援いただき経営再生できた恩返しに「山口県民のくらしになくてはならない生協」をめざした取り組みでした。

恩返しと山口トライ、表裏一体なような気がしてなりません。

❶ 新聞連載　組合員の「のぞみ」集めて

〈新聞99〉新任理事長の決意と約束

総代会の理事長就任あいさつ、「私は生協で、組合員と役職員が力を寄せ合える状況を作れれば無限の可能性を秘めていることを学びました。それを活かしたい」と次の約束をしました。「組合員満足の実現と、そこに喜びを感じることができる職員組織づくり」、そのため、「組合員の声を聴くこと」、そして「事業と経営の革新を目指す」の三つです。

●志を高く！　渡辺蒿蔵の話

私は、専務理事の時から、毎年の新入職員教育で、「吉田松陰先生が、松下村塾入塾者に対して、青年期には、立志、択友、読書が大切とされた。これを、大事にしよう」と話してきました。

「立志」の具体例として、村塾に学び勤王の志を持ちながら、自分には向かないと気付き、船大工にならんと決意し、江戸末期にロンドンに渡った渡辺蒿蔵(こうぞう)のことを話しました。ロンドンでは、造船工場で下働き。そこで図面で指示しているのを見て、あれができなければと気付き、英語を本気で勉強、造船学校に入った。3年で卒業する。しかし、船を造れない。そこでもう一度1年生からと頼んだが駄目で、それならとアメリカにわたり、もう一度造船学校に入り直して、船を造れるようになった。そして1875（明治7）年に帰国。初志を貫徹し、日本の造船や海運の基礎を作られました。

少し気負って語った総代会の約束の根底にあったのは「県民共有の財産と言われるようにしたい」という思いです。志とはいいませんでしたが、内に秘めた「志」でした。

●職員の働き無くては

組織の長の思いは、職員の共感と行動があって実現できます。総代会での決意内容を職員に伝えるために、発刊始めた「理事長メッセージ」（管理職までEメールで送信し、それをプリントして全員に配布してもらう）。これは継続しなければと自分に課しました。任を終えるまで10年間、最終号493号まで毎週発信できたのは、毎年「志」の大切さを訴えてきたのだから、私も何らかの実践をしなければという気持ちからでした。理事長として誇れる唯一の実践だったかもしれません。

〈新聞100〉のぞみ委員会で「夢」集約

2003（平成15）年度は、「食の安全の追求と経営の安心を築く年に！」というスローガンを掲げている事業構造改革プログラムの推進中です。

その年、40周年事業を控えた理事長交代でした。難しいテーマには、岡崎悟専務理事、高木直哉常務理事、吉崎博常任理事を先頭に常勤役職員に勉強しながら頑張ってもらわねばなりません。常勤役員体制は、加えて組合員理事の中山光江氏に常任理事として組合員活動を担当いただきました。

●のぞみ委員会での「組合員ののぞみ」集約と整理

その40周年事業として、コープ委員会や広報紙「コープレター」で呼びかけ、「こうなったらいいな、私の生協」のメッセージ募集をしました。運動、事業に１２６３件の声が寄せられ、各地域10名の組合員代表で構成した「のぞみ委員会」で5回にわたり整理検討が行われました。その委員会で組合員ののぞみは次の五つにまとめられました。

1、人と人とのつながりや助け合いの心を大切にし、正直であることをつらぬく信頼のおける生協。
2、組合員一人一人の思いを大切にし、組合員の声が常に活かされる生協。
3、組合員のくらしの状況が変わっても、食生活を中心にいつも頼りになる存在であり、組合員のより良いくらしに役立つ生協。
4、「平和とよりよいくらしの実現」を第一に、組合員がそれぞれのくらしの願いを持ち寄って、自由に楽しく活動できる生協。
5、行政や地域とのつながりができ、社会の中で認められる生協。

●「組合員ののぞみ」を職員の中期計画プロジェクトへ

のぞみ委員会のまとめは、地域総代会で報告、さらにコープ委員会や総代の意見を合わせ、職員でつくる中期計画プロジェクトチームに提言して役割を終えました。

職員のプロジェクトチームでは2005年度に「Design2010」のネーミングで中期計画をまとめました。社会的責務と役割、組合員組織とその運営・活動、事業経営を三つの柱に、組合員の五つの願いを端的に表現する姿として「食卓に笑顔を！」を掲げました。

〈新聞101〉無配当の4年間に10億円増資

2005（平成17）年に発表した「デザイン2010」を起案した時期は、事業構造改革（1999～2001年度）、引き続いての事業改革プログラム（2003～05年度）あわせて6年間の収支改善期です。なかでも2000年度から4年間は黒字ですが出資配当はできませんでした。その配当が実施できなかった4年間で、1999年度末39億円の出資金が、2003年度末49億円と10億円も増資していただきました。つくづくありがたいものだと感謝しました。

●増資は、まじめ・一所懸命への応援

どうして増資していただけるのか考えました。まず、のぞみ委員会で検討されている未来のコープやまぐちへの期待。次に、店舗の閉鎖やリニューアル投資などには厳しい見方もありますが、なんとか改善していこうという姿勢への賛意。そして一番大きいのは日常触れ合う職員への応援。こうした期待と応援の気持ちがあって増資していただけます。こうした増資を継続いただくためには、組合員の期待に応え続け、経営の安定を築くことが不可欠です。

●職員には喜ばれる事例をたくさん作ってほしい

増資いただくにも、デザインテーマ「食卓に笑顔を」の実現にも、供給現場の職員の応対がとても大切です。喜ばれる事例をたくさん作ってほしいと考えました。

日常の業務や社会生活の中で、組合員や地域の方々に、喜ばれ役立った実践は、他の職員にも知らせ、そうした事例を広め、そういう組織風土を作りたい。そのために表彰制度を考えました。

審査基準は、①仕事の改善、または改善のきっかけとなった行動、②組合員にたいへん感謝された行動、③地域や社会のために地道な活動・行動の継続、④その他職員の手本になったこと、と整理されました。そして表彰より感謝状が良いということになりました。

●理事会からの感謝状の新設

組合員の声を集約するコミュニケーション担当の事務局、管理職、理事などの推薦に基づき、常任理事会で推薦、理事会で審査、理事がその職場の朝礼等に出向き、内容を紹介し、感謝状を手渡ししました。その内容は、部内報で紹介し、共有化を図りました。

〈新聞102〉増資は安心経営とお役立ち

増資していただく組合員の気持ちに応えるには、事業での暮らしへのお役立ちと経営の安定が欠かせません。のぞみ委員会でまとめられた組合員の五つの望みも、経営の安心・安定が不可欠です。経営の安心・安定のための投資として、阪神大震災で本部ビルが倒壊してからのコープこうべの復興に学びながら、まさかに備えて、情報システムセンターを耐震構造で新設することにしました。

組合員、管理、商品供給事業等、あらゆる情報がコンピューター管理されています。その施設を、商品センターの敷地内に新築、その開設にあわせ、より利用しやすい共同購入事業へと、注文センター（電話とＦａｘでの受注）の稼働等を進めました。

●子育て支援と赤ちゃんサポート事業開始

お役立ちできる事業について、２００５（平成17）年度の計画会議での一コマです。フト思い付き的に述べました。「山崎部長（現理事長）、県内で生まれる赤ちゃんは何人くらいだろう?」。次回、1万人少しという報告を聞き、「その赤ちゃんに、例えば毎週牛乳1本くらいのプレゼントは考えられないかなあ?」、正確ではありませんが、そんな会話を覚えています。

私の頭の中にあったのは、20代の頃、山形県の鶴岡生協の佐藤専務にお越しいただいた内部勉強会で、生活協同組合はまだ力が弱かった時代の鶴岡生協で「赤ちゃん用の粉ミルクは、生協の仕入れ価格で供給していること」を学びました。当時私たちもまねましたが、あまり受け入れられませんでした。今のコープやまぐちの力なら、牛乳1本を1年間毎週1本プレゼントくらいできるのではなかろうかと思ったのでした。

幸い、実務的な検討を重ね、「赤ちゃんすくすく」と「お母さん元気」をテーマにした13の商品の中から、赤ちゃんが満1才の誕生日を迎えるまでの1年間、毎週1品をプレゼントすることを柱に、個配配達料サービス、育児情報や赤ちゃん向け商品のカタログお届けなどの「赤ちゃんサポート」事業が開始できました。

〈新聞103〉好評赤サポ、次はシルバー

赤ちゃんサポートは、直接には応援対象にならないお子さんの大きくなられた組合員の皆さんからも、出産期のお母さん応援賛成と共感されました。世の中全体が、少子化の中で子育て支援しようという風潮が強まっていた時期でもありました。新しい組合員を獲得する上でも、有効でした。日本生活協同組合連合会も総会の場で岡崎専務理事（現会長）に実践報告を要請するなど、その取り組みを全国に広げたいと考えていたようです。

●高齢者サポート研究

ある時、出身地の周南市の中山間地へ帰った時、弁当を宅配している姿を見ました。聞けば、行政の応援があって成り立っているそうです。行政支援なしの単独事業でできないものかなと

思い、新規事業の一つとして研究できないかと、ある人物に投げかけました。

川村哲司情報システム部長です。彼は、コープこうべで情報系の仕事をしていましたが、出身地の山口で生協の仕事を継続したいと、自らコープやまぐちに籍を移してきた経歴でした。

「せっかくの長い生協人生、事業系の仕事をして見たら？」という問いかけに喜んだ彼に「夕食宅配の研究」を話しました。

●四国、九州など調査に同行して、大好評の夕食宅配開始

彼の調査には、高知と長崎に同行しました。長崎で「宅食」という会社が、イメージしたような事業を展開しており、下関にも営業所を開設したばかりでした。そこでコープやまぐちが、下関の事業も含めて、山口県内の事業を行うことの協議を行い、組合内で手続きを行いスタートできました。

その会社は直後にワタミ株式会社（本社・東京）に吸収されましたが、長崎で作る弁当が、毎日コープやまぐちの各共同購入センターに納品されます。夕食宅配を受託してくれた皆さんに自分の車で、センターから注文されたお宅に届けてもらうシステムです。

この事業はマスコミにも紹介され、また日本生協連も、積極的に広め、全国の生協に拡大していきました。日本生協連の２０２０年度の実績調査によると、46生協で取り組まれています。

１日当たり、県内５５００食、全国では約17万食をお届けできており、昨年の年間事業高は２６７億円余にもなるそうです。

〈新聞104〉中四国地区の生協で連帯

消費生活協同組合法という法律は、現在は変わりましたが、原則的に、単一生協は都道府県域を超えてはならないとされていました。そのため、県域を超える生協間の協力・協同の進め方は、ずいぶん協議を重ねてきた経過があります。中国四国でも、生協協議会が作られ、例えば、「生協・行政合同会議」を開催するなど、運動面での協力はできますが、事業の共同はなかなか困難なテーマでした。

●全国各地に連帯機構

21世紀に入り、全国で各地域に事業連合を作る動きが加速していきました。東北、首都圏、中京圏、近畿、九州と進んでいる中で、中国・四国をどのようにまとめていくのか。中国5県の力をまとめるための協議も数年間続けてきましたが、なかなか具体化が進まない状況が続いていました。そのなかで、岡山コープの三橋幸夫理事長が、「全国の流れに乗り遅れている、まず生協ひろしま、コープやまぐちと山陽路3生協が腹を合わせて進めよう」と呼びかけ、事務局も配置する中で、中国5県の連帯機構作りへの動きが加速してきました。

一方、四国においても共同購入事業の連帯が進んでおり、その機能も活かしつつ、中国5県の事業と、中四国9県の事業の分担も整理され、生活協同組合連合会コープ中国四国事業連合（公式略称コープＣＳネット）が誕生したのは、２００５（平成17）年でした。

●中四国の生協でCSネット

コープCSネットの本部は広島におかれ、中国5県での共同購入事業の共同化は、商品企画・仕入れ、組合員向けの商品案内づくり、システム、広島県尾道市に物流センターを設置しての物流共同化などが進められました。今日ではコープCSネットがあるから各生協の共同購入事業が成り立つといえる構造になってきました。

その流れの中で、商品検査センターは、山口の施設を活用することになりました。また、中国5県の「組合員問い合わせセンター」は、山口に置かれることになりました。5県の組合員からの問い合わせに、各県担当のオペレーターが応え、その内容を配達担当者に瞬時にメールで送っています。

❷ 新聞連載「地域社会との共存」模索

〈新聞105〉商品検査、JAと共同運営

国際協同組合同盟（ICA）という組織で定めた協同組合原則があります。その第6原則で、「協同組合間の協同」をうたっています。協同組合は相互に協力しようという趣旨です。常務時代から進めてきたことです。

●**経済連から非常勤理事を**

1991（平成3）年の役員改選に当り、常務であった私は、山口県経済農業協同組合連合会（経済連。現在はJA全農山口県本部）を訪ね当時の山崎哲夫常務理事（故人）に話しました。「協同組合間の協同を進めるためには人の交流が大事だと思います。経済連から非常勤理事を出していただけませんか?」

山崎常務には、当時参事であった国沢是篤氏（後にJA全農山口県本部長、全農副会長、山口県農協中央会長など歴任）の推薦手続きを取っていただきました。以来、今日まで理事派遣が続き、全農の歴代県本部長はほとんどコープやまぐち理事を経験いただいた人的交流の中から、多くの連帯した事業が進む力になっています。生協の理事を務めていただいたみなさんの

生協への理解は深まり、何かと具体的な提案がいただけるようになりました。

●生産者の食の安心

その国沢氏が、生協の理事は終えられ、全農県本部長であったころでした。「前に見せてもろうた残留農薬が検査できる施設（1992年設置の検査センター）、あれを一緒に運用できるようにでききんじゃろうか？」と問いかけられました。生産者団体として、食の安心に責任を持つために、自主的に出荷前の作物の残留農薬検査がしたいという考え方で、素晴らしいことです。

●検査センターを社団法人に

当時のコープやまぐちの検査センターは借地借家でしたし、設備も更新が必要でした。

2005年、生協本部用に、県流通センター内に用地を取得した時期でしたので、生協の本部が移る前でしたが、建物も新築。県の指導も受け、生協、生協連、JA全農、農協中央会の4団体で社団法人を作りました。「一般社団法人　食の安心安全研究センター」として農協部門と生協部門に分けて運用するという形で、その年に供用開始できました。

●最新の理化学検査機器

ガスクロマトグラフィーなど最新の検査機器が導入され、微生物検査はもとより、食品添加物や残留農薬なども検査できる、全国に例を見ない消費者・生産者団体共有の検査センターを持つことができました。

〈新聞106〉商業者と協同・どうもん店

近隣の生活協同組合との協同、他の協同組合との協同、JAと一緒に商品検査。加えてこれも珍しい事例です。商店街振興組合との協同。全国に例を見ないと思います。

2001(平成12)年に旧ダイエー山口店跡を山口市が取得され、そのキーテナントとしてコープどうもん店が入店、中心商店街活性化に向けての営業を続けていました。その建物が1969年建設であったものなので、耐震基準をクリアできなくなり、山口市は2006年度予算で解体費用を計上しました。解体後の活用策について、山口市、山口商工会議所、道場門前商店街商工振興組合、コープやまぐちの4者協議を続けました。

●市と商店街、生協協力

話し合いの中で、「市の所有の土地に隣地を求めて拡張し、商店街振興組合が国の補助金を受け、制度融資を活用して建物を新築する。その中にコープやまぐちが入居保証金を拠出して、キーテナントで入居する。2階は他のテナントを募集する」という構想ができてきました。

●市・商業者・生協の協力を組合員も歓迎

2006年9月に構想がまとまりました。臨時の総代会を開催し、特に山口市ではコープ委員会でも話し合いを進めました。どうもん店再開発で生活協同組合が街づくりに参加する意義などを説明し、中部地域以外の地域総代会でも承認を受けました。このようにして、どうもんパークビルが建設され、オープンすることができた時には、ダイエー跡に出店してから5年経過していました。生協単独の出店よりも行政、商業者とのタイアップは組合員からも歓迎されました。

●どうもん店の工夫

市内中心部は一人暮らしや高齢のお方も増えていました。農産品や惣菜では、1個販売や少量パックを用意し、鮮魚では対面形式で声をかけやすくし個別ニーズに対応するなど、小回りの利く便利さを追求しました。

隣接するどうもん店衣料館では、組合員ニーズの高い、ふだん着衣料品を充実させました。また、2階には歯医者などのテナントが入店するとともに、コープやまぐちも組合員活動に活用できる会議室を設け、子育て広場やさまざまな組合員活動に使用できるようにしました。

〈新聞107〉ボランティア活動応援の女性いきいき大賞を新設

世の中は、災害復旧、福祉、子育てなど、ボランティア活動に支えられた分野がたくさんあります。国や地方自治体の財政難が言われだしてからは、自助、公助に対して「共助」の必要性が言われるようになり、社会全体でも、ボランティア活動の役目は大きく成ってきています。そうした活動の大半が、参加者が力を出し合って運営されており、財政面も拠出しあったり何らかの収入を得られる事業を考えられたり苦心されています。生活協同組合も、もともと組合員のボランタリー（自発的な、任意な）活動に支えられた組織です。そこで、そういうボランティア活動を応援することを考えました。

●新聞社などと提携

生協単独の事業ではなく、新聞社などにタイアップいただき、社会的な位置づけも高められないかと思い、いろいろな方に相談しました。当時の朝日新聞山口総局長は北沖弘和氏でした。「生協が主催なのだから、女性を主体に考えたらどうか？」と提言いただき、「女性いきいき大賞」という名前にしたところ、県から新たな問題を指摘されました。どちらか一方のジェンダー（性）を冠にすると、男女共同参画の趣旨から逸脱するとの指摘です。これは相談の上で、どちらかのジェンダーが弱いとはっきりしていることを是正するためなら構わないとのことで、「女性がリーダーになった組織は少ない」現状があり、それを解消するためにという見解を付すことで解決しました。そうした経緯の上で、県の後援と最優秀に県知事賞を設けていただけました。

審査委員長を梅光学院大学の樋口紀子教授（現学長）に快諾いただいたことから、賞の企画にも参加いただきました。賞金の額も、できるだけ多くの団体にということから四つの部門にわけ、それぞれの部門の1位に新聞社等の後援団体賞を出していただき、副賞にコープやまぐちから奨励金をだす形にしました。その副賞の額も、優秀賞に多額ということではなくできるだけ多くの団体に出せるようにしたいという考え方も理解いただけました。

そしてコープやまぐち主催、山口県、朝日新聞社、ｙａｂ山口朝日放送、山口新聞社の後援で、公募と推薦により２００５（平成17）年度初めての募集に入りました。

〈新聞108〉いきいき大賞、予想裏切る

女性いきいき大賞、果たしてどのくらいの応募があるのか？　企画したものの事務局はヒヤヒヤものだったようですが、４つのグループに43団体の応募がありました。

各後援団体から審査委員を出していただき、さらに元ＮＨＫ記者で山口大学特任教授の堀江穆氏に加わっていただき、樋口紀子委員長のもとで数度の審査会を開き、表彰団体を絞っていきました。４つの分野は、①地域活力・文化向上分野②子育て・少子化対策分野③健康福祉・食の安全分野④くらしづくり分野と分けてスタートしました。回数を積み重ねる中で、分け方も変化し、更には学生の部の新設なども行ってきました。また、テーマグループなど、生協の組合員活動の中で取り組むグループの奨励も併せて行うよう発展させてきました。

●分野別に後援団体賞

知事賞（最優秀賞）となった分野以外の3分野には、朝日新聞社賞、山口新聞社賞ｙａｂ山口朝日放送賞を出していただいています。このことで賞の格付けも高くなったと言えましょう。

●２０２２年度17回目！

実は最初は、初年度の応募数に心配したように、この表彰への応募がどのくらいあるのかわ

かりませんでした。委員の中にも、いつまで続けられるかという声もありました。ボランティア活動で、女性中心で、表彰に値する団体がいつまでも出てくるのか、という心配です。2022年度で17回目となります。その応募・推薦団体は引き続き多数に上っていると聞きます。それだけボランティア活動が取り組まれている証しともいえる、予想を裏切ったうれしい結果です。

●報道も励み

それにはテレビ、新聞で報道されることも励みになります。新聞社では紙面を割いて、受賞団体の活動内容を紹介していただいています。いずれの団体も、ふだんの活動は地道なものです。仲間で励ましあって、手弁当で続けておられるのがほとんどです。その活動に光を当てる！　取り組みに育ってきたことは、後援団体はじめ推薦いただく行政など多くの方々の支援のおかげです。はじめてよかったと、県や新聞社に足を運んだことを思い返しています。

〈新聞109〉県立大と「私らしく生きる生き方」講座を開設

組合員ニーズの中で、「学びたい」は潜在的かもしれませんが、大きなものでもあります。「希望される組合員に学びの場を提供できないか」と、市民大学的なイメージをもって、少しばかりご縁をいただいていた、山口県立大学の江里健輔学長を訪ねました。

山口県立大としても地域貢献大学として、「大学の持つ知的財産の地域住民への還元」を考えておられ、タイアップの可能性が出てきました。生協の中での検討した結果の要望も受け入れていただき、「私らしく生きる生き方講座」の名称で、希望者参加による公開講座が開設できることになりました。２０１０（平成22）年1月、県立大とコープやまぐちの提携による「生涯学習の場」として第1回の講座が県立大で開催されました。

医学博士の江里学長が「上手な医者との付き合い方」と題して、専門分野をわかりやすく、ユーモアを交えて話していただきました。タイトルからしても、なかなか興味深いものですし、約70名が楽しく学ぶことができました。この年度は、社会、医療、くらしの分野から3講座が開催されました。

翌年度には、15講座を開催、しかも会場を県内各地に分散し、先生方に足を運んでいただき、継続的な開催ができるようになりました。今日まで継続できています。２０２２年まで14年間に、１２３講座で４３４４人が学べました。

●全世帯へ広報紙配布

先に紹介しました食品の安全確保の検査センターのこと、ボランティア応援の女性いきいき大賞のこと、そしてこの生き方講座のこと、コープやまぐちの事業で知っていただきたいことはたくさんあります。赤ちゃんサポートもしかり、夕食宅配もです。

そうしたことを、組合員はもとより、多くの県民にも伝えていきたい。そうした願いから「くらしやまぐち」という名のタブロイド判広報紙を、県内全世帯に配布することにしました。

２００７年７月に創刊、現在46号と年３回の発行を継続。組合員への配布、新聞折り込みとポスティングで60万部発行しています。

〈新聞110〉全市町長が平和市長会議へ

終戦後、平和憲法が制定された時期。日本生協連合会設立のスローガン論議で、「より良き生活と平和のために」か「平和とより良き生活のために」か、どちらを先にすべきかの論議があり、初代会長の賀川豊彦氏が「平和な世の中があってこそのくらし」とまとめたと語り継がれています。そうした伝統も受け継ぎ、生協では、「お母さんたちの平和運動」を取り組んできました。なかでも、広島・長崎におとされ悲惨さが十二分すぎるほど実証された核兵器は、地球上からなくしてほしいという願いで、核兵器廃絶への運動は１９８３（昭和58）年の平和行進から継続してきました。

●被爆者支援と核廃絶

広島、長崎に次いで人口当たりの被爆者の多い山口県です。山口には被爆者支援と平和活動を進めている一般社団法人山口県原爆被爆者支援センター「ゆだ苑」があります。「ゆだ苑」とタイアップした活動で、「被爆者へひざかけを贈る」運動や、９月６日の山口のヒロシマデーに合わせて「平和の折り鶴」を中心商店街に飾ることなどを進めてきました。

●平和市長会議へ全首長の参加と山口版の平和市長会議

そうした運動に取り組むなか、広島・長崎市長が提唱された「平和市長会議」に加わっていただこうと各市町の市長、町長にお願いしてきました。２０１０（平成22）年の総代会、私は理事長挨拶で「県内すべての市長さん、町長さんに平和市長会議に参加いただきました。これは広島に次いで全国2番目です。皆さんの運動の大きな成果です」と報告し、全員の拍手で喜びあいました。

そのことも力に、首長と住民がともに平和な世の中を願う姿をアピールしていこうと、「やまぐちピースフォーラム」を開催、２０１０年に秋葉忠利広島市長（当時）にも参加講演をいただきました。その後も、パネルディスカッションなどで、市長、町長とともに平和を考える取り組みは、山口版平和市長会議と名付けました。11年には、渡辺純忠山口市長に尽力いただき、田上富久長崎市長（当時）に来山、講演いただきました。

〈新聞111〉地産地消より地産・知食

「地産地消」は農林水産省が提起され、全国的に「地域生産、地域消費を高める」運動のスローガンとして広まってきました。県内でも、行政も生産者組織も使われて定着しつつありました。

●地産地消いいことづくめ、ならば知って食する知食運動へ

旬の食べ物を新鮮なうちに食べられる、鮮度が高く栄養価が高い、地域経済の活性化と愛着につながる、伝統食文化の維持、継承につながる、輸送エネルギーを減らすと、生産者にも消費者にもいいことづくめです。

コープの店舗でも「地産地消」を使っています。それを、消費者の立場で考えてみました。「地食＝つまり地元で食する」を、「知食＝知って食する」にしたほうが、より消費者にとっての運動の方向が見えてくると思えます。知って食する知食運動とした方が、消費者としての行動目標もはっきりします。

「生産を知る」、つまり生産地や生産者の事、どのような産地で、どのように作られているのかを知る。「食物を知る」、これは、農水産物の一つひとつを、例えばトマトの特性を知ろうというものです。「食べ方を知る」、これはおいしく食する料理方法、生産者が食している料理とか、伝統食とか……。

●地産知食ハンドブックや情報誌「育み」発刊

２０１０（平成22）年に発行されたハンドブックは手帳サイズの小冊子ですが、食糧自給率の話、地産知食の話、山口県のお米の話、野菜の話、果物の話、水産物の話、畜産物の話、そして伝統料理も加えて構成しています。

産地や生産者と直につながる産直活動は、もともと生協で大切にしてきた活動です。組合員

の産地との交流、親子での田植えや稲刈りなどさまざまな活動も進めてきています。伝えたいことはたくさんあります。2008年から「情報誌・育み」を発刊、2013年度まで継続。産地の事、検査状況、生産状況、食べ方などさまざまな情報で、生産と消費者をつなぎました。消費者も生産を理解し、食物を大切にしようとしているという発信は生産者にも喜ばれました。

〈新聞112〉山口らしく国際協同組合年も

2009（平成21）年、国連は2012年を国際協同組合年にする決議をしました。世界が抱える貧困、金融・経済危機、食糧危機、気候変動などをはじめとする諸課題の解決に向けて、「協同組合」の果たせる役割に期待が寄せられたわけです。全国でも実行委員会が作られ、山口県でも、11年にJAグループ、漁協、森林組合連合会、生協連で実行委員会が作られ、小川全夫山口大学名誉教授を委員長に、山本伸雄山口県農協中央会会長と私が副会長に選任されました。

●山口らしさを考えると品川弥二郎を復活できないか？

事務局での草案もまとまり初回の実行委員会は、山口市小郡下郷の農協会館でありました。「何かないか？　山口県ならではの事業は？」と考え続けて当日、会場に着きましたら、敷地内に品川神社。「これだ！」と思いました。松下村塾で学んだ品川弥二郎が、明治新政府で活躍、ヨーロッパにわたり協同組合に出会う。それを日本に持ち帰った。20代の頃に先輩から教えられたことです。その会議で、「山口らしくということで、維新と明治新政府が協同組合を取り入れた中で、立役者になった品川弥二郎を小説で復活できないだろうか?」という私の発言は賛同されました。

●古川薫先生に!

発言者としての責任は重大です。直木賞作家で下関在住の古川薫先生に執筆いただければ最高です。先生は山口新聞社とご縁が深い方ですから、旧知の山口新聞社宇和島正美氏に相談。打診いただき、一挙に具体化しました。

●志士弥二郎の風雪を新聞連載、後に単行本に

2012年国際協同組合年の元旦号より、山口新聞で連載が始まりました。毎週日曜日、紙面ほぼ1面を使っての32回連載でした。

「♪宮さん　♪宮さん……」と、品川弥二郎が作詞、大村益次郎作曲といわれる「トンヤレ節」で始まる小説で、松下村塾での教育は、新政府の民政重視の政策に結びつき、協同組合を日本に「移植」させる大きな役目を果たしてくれたことを再現していただきました。

文芸春秋社から単行本になり、後に文庫本にもなりました。

〈新聞113〉福祉生協の「さんコープ」

1999(平成11)年に設立された福祉生協さんコープが20周年を迎えた年、設立に尽力され初代理事長の岡野敏子氏が他界されました。当時を想起できる者、また、理事や専務を務めた者として私は、記念式典で次のように述べました。

●時代に即した事業

「コープやまぐちで岡野さんが副理事長、私が専務理事の時、福祉事業について話し合いました。国も介護保険の準備に入る、日本生活協同組合連合会も福祉事業の検討に着手していた頃です。1995年、コープやまぐち理事会で福祉のあり方検討委員会設置、別法人にする方向で1996年、高齢者協同組合の設立にむけて活動開始。1997年名称をさんコープ、1999年福祉生協さんコープとして創立総会」

「創立総会で、福祉生協と事業の性格を明確にしたこと、介護保険事業への参入を決めたことは高齢社会を見すえ、介護や福祉の分野の事業化の必要性について、関係者が意欲を燃やした結果だと思います」

「コープやまぐちは、可能な限り、さんコープを支援するという立場でしたが、自立した組織を目指してほしいという気持ちもあり、経済的応援は限られていました。そのことで、さんコープは組合員、役職員が力を合わせて健全な経営を確立するという体質を築くことになりました」

●温泉付き「サ高住」

自立した経営が確立されたことで、湯田の「サービス付き高齢者住宅」（サ高住）をコープやまぐちが建設し、さんコープが運営するという共同事業提携ができるようになりました。湯田温泉にサ高住を作るのなら温泉付きにしたいと、私も湯田温泉配給組合との折衝など、少しばかりお手伝いができました。二つのコープの協同事業は本当にうれしいことでした。また2022年度には山口市宮野にもコープやまぐちが建設で、さんコープが運営する施設ができました。

●三本の矢は「協同」の教え

名称は、93年に山口中央生協からコープやまぐちへ変更の際、候補の一つにさんコープがあり商標登録も行っており、それを使うことになりました。太陽のSUN、山口県の山、そして毛利元就の三本の矢の教え。さんコープは、三本の矢の教えのごとく、協同を大切にするという名前です。

〈新聞114〉山口商工会議所副会頭に

2010（平成22）年度から山口商工会議所会頭に就任が内定していた齋藤宗房氏から連絡をいただきました。何事かと思ってお会いすると「副会頭を引き受けてくれ」とのお話です。商工会議所とコープやまぐちの関係は、生協が出店を続けていて、その出店と店舗運営のあり方を巡って厳しく対峙した時期もあります。事業縮小を行った時は、ずいぶん迷惑もかけてきています。どうもん店では、中心商店街活性化で協力的な関係でしたが、生活協同組合の理事長が商工会議所の副会頭には、私自身がビックリ。「私で、いいのですか?」と問い直させていただきました。迷惑おかけしたことのお返しのチャンスでもあるかとも思い、何がしかでもお役立ちできればとお受けしました。

●会議所と生協の共通項

選任された直後の議員総会であったと思いますが、最初のあいさつで、「商工会議所で商工業者のみなさんが街づくりに、多大な尽力をされています。私は生協で、生協という組織もまた消費者組合員が協力・協同して、より良いくらしと住みよい街づくりを目指している組織です。どちらも、会員が力を出し合って住みよい街を目指していることが共通であり、この任をありがたく受けさせていただき精いっぱい努力をします」と述べました。全国的に珍しい事例だと、生協関係の中では話題になったようです。２０１０（平成22）年度から、２期６年間の斎藤会頭時代、他の３人の副会頭と一緒に務めさせていただきました。

●労働者福祉協議会

生協が戦後、各地で設立された時、労働組合が支援した時期がありました。その経緯の中から、労働団体と労働福祉団体（労働金庫、共済生協、生協連合会）とで労働者福祉協議会（労福協）が作られています。県生協連会長として労福協の副会長の任も頂戴しました。生協は主にお母さんたちの運動ですが、ご主人の理解も大切です。理解者を増やし、運動を広め力強くするためにも生協からの情報発信等に努めました。

〈新聞115〉50周年は次の50年の飛躍台に！ と思い理事長交代

コープやまぐちが創業から50周年になることは、組織にとっても、私にも大きな節目です。半世紀を振り返るとともに、次の半世紀へ向けての大きなジャンプ台にしたいものです。そう考えると、40周年の時に私は前任の田村茂照氏からバトンを受けました。次への交代は、50周年を迎える２０１３年の前にするべきだと考え、その年が役員改選年でしたから、5月の総代会の新理事会で、理事長を岡崎悟氏に交代し、県生協連の役目もあることから、会長職で残ることで承認を得ました。未来へ向けての方向性づくりは、岡崎理事長以下新執行部の役目です。50年間の振り返りは、主に私の分担としました。

●半世紀の歴史を客観的に振り返りたい！

記念誌の発刊は、組織内で行わねばなりませんが、歴史は客観性を持たせたいと考えました。山口新聞で、「新聞記者の見たコープやまぐち50年」として紙面で連載いただきました。２０１３年6月、第51回総代会の報道に始まる、紙面１面を使っての14回の連載でした。

●日本の生協での位置づけ

「現代日本生協運動史」を編さんされた、元日本生協連常務理事の斎藤嘉璋（よしあき）氏には「日本の生協の歴史とコープやまぐち」と題して執筆いただきました。

それらに私が編さんした歴史部分を加え、「県民共有の財産を育てる／半完成協奏曲♪／さらなる半世紀へ♪」／～コープやまぐち50年の軌跡～」として出版しました。

●伝統食の継承運動

今後へ向けては、生協のイメージを一新するために、マスコットキャラクター「ここちゃん」を誕生させることなどが岡崎理事長を中心に進められ、50周年の記念行事の中で発表されました。記念して県民みなさんに活用していただこうと、「伝え合うおいしいやまぐち／現代に生かす伝統食）」が発刊できました。県内各地に伝わる伝統食を、一品ごとにレシピを添えての90ページは、やまぐちの食文化を伝承する役目を果たしてくれると思います。

〈新聞116〉ユニセフ協会の設立～県生協連

県生活協同組合連合会という組織は、県内にある生協が、購買、共済、医療、福祉などの事業分野を問わずに加入し、県内４大学の生協も含め、現在13生協が参加しています。

会員相互の情報交換、交流、ともに進めるべき諸課題の研修、指導などと共に、さまざまな連帯活動や運動にも取り組んでいます。ピースアクション実行委員会のメンバーとしての取り組みでは、２０１５（平成17）年には、「核兵器禁止条約の交渉開始等を求める署名」７万７千人余の署名を、松井一實広島市長に届けました。

●消費者ネットやまぐち

ＮＰＯ法人消費者ネットやまぐちは、２００９年に他の消費者団体等と設立を進め、県生協連が事務局を担っています。協力いただいている弁護士による毎週の夜間無料法律相談を15年から山口で実施、20年から周南市でも開催しています。

●県ユニセフ協会がない県

ユニセフ（国際連合児童基金）は、第二次世界大戦によって厳しい生活を強いられていた子供たちの救済のために、1946年に国連機関として設立されました。戦後の貧しかった日本にも支援の手が差し伸べられた時期もあります。私も記憶にありますが、学校給食のスキムミルクはユニセフの支援だったようです。そのユニセフ協会、今の日本にはもちろん設立されていますが、地域ごとの協定地域組織である県協が無いところがあります。山口県もその一つでした。

●全国26番目の設立

先進の各地の経験から学びながら、15年から「ユニセフ学習会」を県内各市で開き、17年に設立準備委員会を開催。賛助会員、個人123、団体18で設立のめどが立ち、9月に公益財団法人日本ユニセフ協会の専務理事出席のもとに設立発起人会を開催できました。その場で、理事、評議員、監事の選任も行われ、理事会では会長に山口大学の岡正朗学長（当時）を選任。事務局は地域のサポーターのまとめとして7地域事務局が形成され、運動推進の形ができました。世界中の支援を必要とする子供たちのためにも、ご理解をお願いいたします。

❸ 心と力よせ合って、住みよい地域社会を！

1 経営危機からの脱出を振り返る

経営経営表面化（1981）から、山口店買戻し約束で売却↓別会社設立と事業縮小↓売却店舗の別会社への営業変更↓共同購入の拡大で体力回復できるも本店買戻しには至らずに断念↓本店も別会社営業の商調協申請↓3店舗の復活（1995）の間、足掛け15年間にわたる経営危機からの脱出ストーリーでした。

事業縮小で失った信頼回復のため、ビジョン委員会（安部一成山口大学名誉教授座長）による「街まちに協同する姿のあるやまぐち県を」のビジョン策定。山口中央生協の名称をコープやまぐちに変更。くらし・健康・文化・福祉・環境・平和の6つの運動をあらわすシンボルマークなどを定め、新生生協をアピールしてきました。商品検査センターを開設など復活になったタイミングで、3店舗を再びコープ店舗に復活でき、世間からは経営再建が終わったと認知されました。

2 質的改革で生協を「県民共有の財産」へ

ビジョンの実現には質的変革が不可欠という安部一成先生の指摘を受け、「再生完了後の質的変革期」の事業収支の改善を図ることなどを経て、創立40周年の年に初めてプロパー職員からの理事長として、第3代理事長に就任させていただいた私は復活できた生協＝何が大切か？恩返しは地域社会に役立つ生協づくりと考えました。

組合員ののぞみをまとめる試み

内外に向かって、「山口県民になくてはならないと言われる生協をめざす」と発信しました。そのためには生協は組合員の願いを協同で実現しようという組織であることを活かすことが大切です。その願いを率直、端的に聞こうと、「こうなったらいいな、私の生協」のメッセージ募集しました。アンケートではなくメッセージ形式ですが、１２６３件の声が寄せられました。のぞみ委員会を設け、各地域10名の組合員代表で整理検討いただき、「のぞみ」は五つにまとめられました。それを地域総代会で報告、さらに補強して職員でつくる「中期計画プロジェクト」に提言いただきました。

職員のプロジェクトチームは「Ｄｅｓｉｇｎ２０１０」のネーミングでまとめました。社会的責務と役割、組合員組織とその運営・活動、事業経営を三つの柱に、組合員の五つの願いを端的に表現する姿として「食卓に笑顔を！」を掲げました。

「山口トライ」の本書タイトルに寄せた思い

組合員の願いを実現したい、そのことで地域社会から必要とされる生協をめざしたいという、組合員の声をベースに置いたことが後のさまざまなチャレンジにつながったと思います。この「山口トライ」は、そのような思いでチャレンジしてきたことをまとめてみました。

3 実践山口トライ

ただしここでは、すでに取り組んだ経緯を詳しく紹介していますので、その参照回数を書いて、極力現況説明を加えるにとどめました。

市町長との懇談会

毎年1回の「組合員代表との行政こんだん会」は恒例行事的に定着してきました。住民組織の一つとしての生協の活動を首長に知っていただき、行政で進めておられることも教えていただく、あるいは、生協の活動にもアドバイスいただきたいという趣旨で開催しています。

テーマを決めて準備され、２０２２年も全部の12市で開催されました。（新聞89回参照）

ダイエー跡に出店、行政、商業者との協同どうもん店

山口市内中心市街地の一角にダイエー山口店はありました。（１９６９年開業、４階建てで1フロアー１０００㎡程度、コープやまぐち山口店とは２００メートルくらいの距離。）コープ山口店はリース会社からの買戻しができず、サンやまぐちで営業を継続していましたが、サンやまぐちも営業を打ち切られました。その後、ダイエーも閉店。閉店の後は、空き店舗になりました。

中心商店街にとって核店舗の一つがなくなった状態で営業再開できないかという動きが始まり、「山口市が建物を取得し、テナントとしてコープが入店する」ことになりました。さらに、その建物も法律改正後の耐震基準が満たせなくなり、再開発の起案が進められました。結果、市は建物を解体、更地にしてさらに隣の土地建物も取得、用地を拡張され、そこに商店街振興組合が国の融資を受けて建物建設され、コープは建物建設協力金を拠出してキーテナントで入店しました。行政、商店街との協力でできたものです。（新聞96、１０６回参照）

赤ちゃんサポート

今では、それが子育てサポートクラブ「ここサポ」として、妊娠中の方から7歳までのお子

さんがいるご家族へのお買い物をサポート！　0歳～1歳になるまで無料商品プレゼント、1歳～3歳になるまで宅配利用料 無料等など多彩に広がっています。

また赤ちゃんが生まれたご家庭にお届けする、はじめましてＢＯＸは、山口県とも協定を結んだ子育て支援事業になっています。（新聞102回参照）

夕食宅配

現在は全国の生協に広がった夕食宅配の事業、コープやまぐちでは夕食宅配ここくるのネーミングで順調に進められています。加えて生活弱者への応援の視点では、お買い物が難しい住環境の方々へは移動店舗おひさま号での巡回供給や、お買い物の送迎をするお買い物サポートカーの運行も始まりました。（新聞103回参照）

商品検査センターを、ＪＡと一般社団法人で共有

経営危機からの再生がかなったことを示すシンボリックな事業として、県のＯＢ専門技師を招請し、自前で微生物検査だけでなく、残留農薬や食品添加物などの理化学検査ができる設備を3年がかりで設置しました。その設備は、借地借家で設備更新が必要な時期でもあったタイミングで、ＪＡから生産者団体として出荷前の農産物の残留農薬検査をしたいので、一緒に運営することはできないかとの相談が持ちかけられました。

県とも相談し、一般社団法人「食の安心・安全研究センター」を作って、コープが移転予定の本部敷地内に建物も新築して設備も最新のものにしました。全国に例を見ない生産者団体と消費者団体共有のセンターを作りました。（新聞84回、105回参照）

女性いきいき大賞

ボランティア団体支援を目的に、新聞社や行政との相談の中から、生協が主催だから女性リーダーで活躍している団体支援ということで、この冠を付けた表彰を毎年行っています。

2022年度第17回も、暮らしづくり3団体、子育て分野8団体、福祉分野6団体、地域づくり分野4団体、計21団体の応募があり、県知事賞、後援の朝日新聞社賞、yab山口朝日放送賞、山口新聞社賞がコープやまぐちからの副賞を添えて表彰されました。また、コープやまぐちは、奨励賞を3本、組合員の中で活動されているグループにコープやまぐち組合員賞を2本出して、活動を応援しました。受賞団体の活動内容は、新聞、テレビで報道されることも大きな励みになります。（新聞107回、108回参照）

山口県立大学と私らしく生きる生き方講座

2010年に第1回の講座を開催できてから、当初は県立大学構内で開かれていたものを現在は、大学に加え各地域に先生が出かけられて生協の施設や公的な施設で開催されています。

県立大学では、地域の生涯学習の機会提供を行う場としてとらえられており、組合員からは関心あるテーマなど大学の先生の講義が受けられることは得難い経験として喜ばれています。２０２２年度まで１２３講座４３４４人が受講実績です。（新聞１０９回参照）

国際協同組合年に

国際協同組合年は全国でも実行委員会が作られましたし、各県に農協、漁協、森林組合などで実行委員会が作られ、国際協同組合年の事業に取り組みました。山口県も同様でした。山口県らしい取り組みをしたいという思いから、「志士の風雪　品川弥二郎の生涯」の小説が生まれました。松下村塾に学び明治維新への志士として活躍した品川弥二郎が、明治新政府の高官としてヨーロッパに渡り、協同組合に触れる、そして日本に「産業組合法」を成立させる。

下関在住の直木賞作家の古川薫先生の手で、品川弥二郎は「日本へ協同組合を移植した」先駆者として見事によみがえらせていただきました。（新聞１１２回参照）

平和市長会議

第1章　❷**創業の志はどこまで実ったか？「平和の世の中を希求する運動」でふり返る**の中で、この平和市長会議などの件は詳しく説明しました。被爆者支援・平和センターのある山口県の特性や、行政こんだん会を行っていることなど生協の活動とも重なって全首長参加が全国2番目に実現できました。同会によると、現在は世界166国8240都市、国内では1737自治体、全国99・8%の首長が参加されているそうです。100%参加の先駆けとなり、その動きが広まったことはうれしい次第です。(新聞110回参照)

福祉生協さんコープ

福祉の運動や事業を地域生協の中で、一つの部として取り組まれることが多いと思いますが、コープやまぐちは介護保険制度が始まった時期から「福祉生協さんコープ」を独立した別組織で立ち上げ、それを支援、協同事業を営むパートナーにしていく道を探ってきました。今、山口市湯田温泉や宮野地区には、コープやまぐちが施設建設を行い、さんコープが運営する形でサービス付き高齢者住宅(サ高住)が大勢の利用者に喜ばれています。

商工会議所

山口商工会議所からは、かつて生協が大規模店舗法の枠外にあった頃に出店して、ずいぶん疎んじられた時期がありました。事業縮小時に、サンやまぐちへの看板変更に商業活動調整協議会での審議など大変な迷惑をかけました。山口店の買い戻しができず、その店もサンやまぐちの店舗にするという申請で、これは広島通産局の管轄でしたが、地元の意見調整で協力いただきました。そうした経緯から、心理的に負の遺産的な感覚を持ちながら、会議所の常議員会などへ出席していました。それが副会頭を担えと言われ、「これはかって迷惑をおかけし、お世話になったことについて少しでも恩返しができるチャンスを与えられたもの」という気持ちでお受けし、２期６年間務めさせていただきました。（新聞１１４回参照）

くらしやまぐち

こうしたさまざまな活動を組合員でない方々にも知っていただきたい、そのことが地域社会との共存にも大事と、県内全世帯に「くらしやまぐち」という情報誌を配布することにしました。年３回発行し、２０２２年度50号まで発行しています。

第8章

「教えられ学んだこと」と「結び」

2021年（令和3年）5月11日

第一章 創業直後の生協へ就職

＜1＞ 有吉政博

1、はじめに

半世紀の生協運動に感謝

山口新聞連載紙面

教学相長という熟語があります。教学相長と読み、（礼記）人に教えることと師から学ぶことは相補い合うもので、両方を経験してはじめて学業も向上するとあります。そうありたいとも思いましたがなかなか実践はできませんでした。ここでは、私が教えられて学んだことを中心に振り返ります。

国際協同組合同盟（ＩＣＡ）という組織があります。「協同組合のアイデンティティーに関する声明」は、協同組合の定義、価値、原則を定めています。その原則の5には「教育、訓練および広報」について、協同組合は、組合員、選出された代表、マネジャー、職員がその発展に効果的に貢献できるように、教育訓練を実施する。協同組合は一般の人々、特に若い人々やオピニオンリーダーに、協同組合運動の特質と利点について知らせる」とあります。簡単に言えば、「教育重視」の原則です。私は、その恩恵を受けてきました。後輩のみなさんにもそのようであって欲しいと願いながら、生い立ちから、今日まで教えられてきたことをふり返ります。

❶ おいたちと生協就職の縁？

山口県東部を流れ、岩国市で名橋錦帯橋の元を通り瀬戸内海につらなる錦川。その上流、錦川沿いに平家の落人が追っ手をのがれ住み着いた伝説の残る須金。（当時は、都濃郡須金村であり、後に都濃町、そして徳山市に編入され、今は周南市）

その中山間地で専業農家の長男として生を受けたのは、終戦直後の混乱が収まり始めた時期、昭和23年。奇しくもその年、消費生活協同組合法が制定された。

隣町の錦町（当時、玖珂郡錦町、今岩国市）にある県立広瀬高校を経て、協同組合短大（世田谷区）へ進んだ私は、縁あって設立6年目の山口中央生協へ入協しました。

その生協の役員退任後に「生協史に自分史を重ねた新聞連載の機会を与えられました。

2021年（令和3年）5月11日

第一章　創業直後の生協へ就職

咲かせようよ みんなの夢を。

コープやまぐち

<1>　有吉政博

1、はじめに

半世紀の生協運動に感謝

〈新聞1〉半世紀の生協運動への感謝

生協運動、古くから協同組合に関わった者が好む「運動」という言葉。協同組合運動とは、数十年前のある農協組合長の話を紹介します。

「協同組合とは、いかだのようなものだ。一本の材木を河口まで流そうとすると、たいてい、どこかで引っかかってしまうが、数本を組んでいかだにして、船頭が導くことによって、無事目的地につけることができる」。協同組合を客観的に説明するには不十分でも、私はこの先輩が残されたこの例えが好きです。

●半世紀の生協運動

令和元年の春、私は半世紀前に就職したコープやまぐちの通常総代会で、会長理事退任を次のような挨拶で締めくくらせていただきました。

今は廃校となった協同組合短大を卒業し、農協への道から少しはずれ、創立7年目の山口中央生協の藤村節正創業者・初代理事長の夢とロマンに魅力を感じ、そこで生協運動を山口県内に広げたいという「志」と「若気」がスタートでした。

●20代組合員組織の原型

班組織のない生協ではだめと主張をしていたら、実践の場を与えられ、牛乳の共同購入の開始。それをもとに班会の呼びかけ、班長会の開催、運営委員会活動の開始。共同購入事業の開始。組合員向け広報紙「コープレター」の創刊と広報活動。初期の組織活動のほとんどに携われました。そして石油ショックを契機にして山口県消費者団体連絡協議会の結成、初代事務局長。20代でこれだけのことにチャレンジさせていただきました。

●忘れられない経営危機脱出

創立10年を過ぎたころから、7年間で11店舗とハイピッチな出店を続けました。しかし行き詰って経営危機。山口店をリース会社へ買戻し約束付きで売却。さらには5店舗の事業縮小。受け皿会社サンやまぐちへの職員の移籍。組合員みなさんの悲憤。生協店舗から通産行政下の店舗への変更手続き、経営破たん回避策で、経営の厳しさを実感させていただいたことは貴重な経験財産です。

〈新聞2〉経営再生できた力

事業縮小の進行するなか37歳で常任理事、翌年から常務8年、専務9年と、経営再生の中心の役目を頂戴しました。

「組合員組織と職員組織、この二つの人的組織の力で経営再生を！」という基本に置いた考え方が再生へのエネルギーになりました。

さらに山口店の「買戻し約束断念の臨時総代会の開催」、サンやまぐちへの営業権移行。危機乗り切りには、田村茂照2代目理事長の卓越した力によることも大きく、その力が相まって再生ができました。ご協力ご尽力いただけた多くの方々への感謝の思いは終世変わらぬと思います。

●役員暦を終える思い

田村理事長の後任理事長を仰せつかり10年、その後会長6年、通算34年間役員を務めさせていただきました。その退任挨拶を「これからは一組合員として、しかし役員経験者として、生協運動の発展を心から願った活動に幾ばくかでも参加し続けたい」と結びました。

そう言ったもののさて何ができる？　と考えていた時、「その役員経験を書いてみたら」と山口新聞社にお声かけ戴けました。

●新聞掲載のチャンス

私の長年の願いは、「山口県民共有の財産と呼ばれるような生協づくり」でしたから、その思いを書かせていただけるなら、こんなうれしいことはない。駄文はお許しいただき、その与えられたチャンスを活かさせていただきたいと決意した次第です。

●共通の願いを実現したい

私は生協について説明する時、「組合員に共通する願いは、より良いくらしと住みよい地域づくりです。そのために、話し合い、知恵と力を出し合い、助け合うという、協同を実践している組織です」と述べてきました。

そうした運動を表現するために、コープやまぐちに名称を変更した1993年（平成5）年の創立30周年の時、「咲かせようね　みんなの夢を！」というコミュニケーションフレーズを定めました。みんなの夢を持ち寄って、そのために力を出し合う姿を表現したい。組合員が知恵と力を出し合う協同する姿の表現が、このタイトルの由縁です。

私の生い立ち

〈新聞３〉後半・戦後ベビーブーマー

終戦から人々の暮らしが多少落ち着き始めた時期、後に団塊世代と呼ばれる大ベビーブームを迎えます。生協法が制定された年に、くしくも私も生を受けました。錦川上流、今でこそ周南市で梨やぶどうの産地で有名ですが、平家の落人伝説も残る須金。その中山間地の専業農家の長男。父は、二十世紀梨の栽培に取り組む先発組の一人でした。妹２人の３人兄妹。小学５年で曾祖父が亡くなるまで四世代同居大家族でした。

須磨小まで４キロの道のり、朝は上級生に連れられて１時間くらいで行くのですが、帰りはずいぶんと自然と戯れたものです。その道すがらいろいろなことを教えられる、今にして思えば得難い環境で育った、幸せだったと思えます。

〈新聞5〉悩んだ進路〜農業を継ぐか、継がないか？

山口国体の年、中学3年。父は専業農家。中山間地の農業をどうするか、数軒の農家が梨を植樹する時これに参加、養鶏や山間地の水田、野菜栽培などで、必死で大家族を守ってくれました。時代は、高度経済成長の波が田舎へも届き始めた時期。そのことも影響し進路について、相当悩みました。親も農高に進むことを期待しながらも農業の先々に多少の不安も感じたのでしょうし、本人の意思を大事にしてくれていました。私自身がスッキリと返事をしない。願書を出さねばならない時期になって担任の先生がわが家に足を運ばれ、両親と一緒に話して、「普通科へ行くのが良かろう」と……。

●高校は広瀬へ

農業コースか、否かを今判断しないで普通科に行き、その後の判断で職業を決めればとの高藤先生の助言にそって、広瀬高校受験。今は生徒数が激減して、岩国高校の分校、そして生徒募集中止になりましたが、当時は、普通科2、農業科、家庭科の4クラスありました。それなりに高校生活を謳歌（おうか）するうちに、次のコースを選ばねばならない時期はすぐにやってきます。

農協の役員をしていた叔父が、「協同組合短大という農協の幹部養成の短大がある」と教えてくれました。そこを出て、農協勤めをしながら農業を継げば万々歳ではないか！　と。多分、両親とも相談した上でのことだったのでしょう。あるいは、あまり勉強していませんし、学力なども考えての事だったのかもしれません？

協同組合短大？　初めて聞く名前でしたが、学生寮があること、独自の奨学金制度もあるとか、後の就職のことも考えると、農業を継ぐか否かの問題にも適しているかもしれない？

〈新聞6〉協同組合短大？　寮生活もありがたい

もともと農協の幹部職員を養成するために、まだ武蔵野の面影が残る世田谷にありました。一学年70数名、2年制。全員が地方出身者。産業組合学校時代を経て1955年に短大に改組されており、我々の組は通算42期生、短大で13期でした。全寮制ではないものの、入学時はほとんどが寮生活を送ります。寮生活などハチャメチャな伝統も持っていました。卒業後は、農協の全国連合会や各県の連合会、あるいは単位農協に就職していきます。三つの寮に分かれており、そこでの付き合いはいろいろ影響しあいます。八畳の和室に4人、同室は北海道、群馬、鳥取の出身でした。2年になると二人部屋6畳に昇格？　同じ敷地内にあるおんぼろ校舎に通うわけですが、ありがたいのは三食付き。

●協同組合へふれる

協同組合に初めて触れたのですが、農協は農業・農民のためとか、ああそうだったのだと、育った環境に照らしてもスーと入っていける内容でした。

三浦虎六（農協経営論）、美土路達雄（農業協同組合論、農業経済学、統計学）、江上繁一

（簿記、会計、監査）佐藤治雄（農産物市場論、農村調査）先生を中心に専任教授9名に専任講師4名の専任の先生が13名、1年の時からゼミナール（演習）を受け持たれ学生数名を分担されます。本井田祥男先生や大谷省三先生ら他大学等から兼任で来られる先生方もそれぞれの分野で権威を持たれた方々で、今さらですが、今なら本気で講義を聞きたいと思うような先生方で構成されていました。

中でも美土路先生の印象は強烈でした。一年生の時は統計学でスタートとしますが、その活かし方、ものの考え方を教えておられたように記憶しています。

●せっかくの勉強の機会を活かしたか？

せっかくの恵まれた先生方なのに、私の向き合い方は決して褒められたものではありませんでした。一般教養の社会学とか、外国語とか、哲学とか心理学とか、何を学んだか皆目覚えていませんし、必須科目の、簿記、会計、民放、商法、あるいは農協の販売、購買、信用、共済の事業論などは、単位の取り方を、先輩から後輩へと伝えていくという流れに乗っていただけのように思えます。ただ農業経済の分野に興味がありました。

●今も生きる農村調査の経験

農村調査は、先生も一緒に30人くらいで農村に入り、寝泊まりしながら、農家を訪問して、生産規模、作付内容、所得、労働時間といった農業の状況や、農協の事業利用の実情と要望などを聞き取って、それを現地で集計して報告、後に調査レポートをまとめるという、毎回テーマを決めての実習でした。

そこで学んだ考え方は、後の仕事で、「現状がどうなっているのかを調べ、対策を考える」ことを基本姿勢にしたいにつながる貴重な体験でした。

〈新聞6-2〉穏健な田舎育ちの人間に変化・解散反対の運動

●短大を各種学校に昇格？

1年夏休み明け、後に私の人生に大きく影響する出来事が待ち受けていました。その2年制の短大を、文部省管轄下では農協の職員養成に要らないことまで勉強させねばならないので、3年制の各種学校に切替え、専門性を強めるというのです。後にならなければわからないのですが、私が生協で仕事するようになる契機になる出来事でした。

●協同組合短大解散反対の運動

短大を3年制の各種学校にという全国農協中央会の方針に対して、短大と隣接の協同組合経営研究所の合同労組が反対の意思表示をします。それから数年間かけて、全国農協労連が全国闘争をすすめる「協同組合短大解散反対闘争」のスタートになります。

学生は、最初は存続を求める請願署名くらいでしたから、これはみんな田舎の親に用紙を送って地元の農協の役員などに協力してもらうくらいで、その位はみんな当たり前として受け止めていましたが、だんだんと、そんなことを言って反対したら、田舎に帰って農協に就職できなくなるという風になってきます。

それが主流でしたが、自治会執行部の面々は強力に粘り強く運動を組織していきました。私自身は学長が会長の学友会、いわば体制側？　の組織の副会長で、平穏に過ごしたい学生なのですが、その気持ちを逆なでするようなことばかり目につくようになります。短大理事会は農協全国連の会長クラスが名を連ねていました。彼らも学生には説明責任を果たそうとした時期もありますが、先に結論ありきですから納得させることはできません。

そのうち学生自治会が、その運動に関しては農協労連と共同行動するようになります。寮で同室者が自治会の副委員長になり、日増しに存続運動に関わっていくようになります。時おりしも大学解体を叫ぶ全共闘の全盛期。「大学解体を叫ぶ学生運動の中で、存続を求める日本一小さな学生自治会」とか、「日本一金持ちの農協が小さな短大をつぶす」とか、新聞や週刊誌に取り上げられるようになりますから、農協陣営の中では大問題でした。

〈新聞6-3〉農協がダメならと生協を探す

●正直すぎ？　て不採用？

農協組織内では、協短大問題は、全国的に大問題になってきます。そんな中での就職問題、やはり学んだことを活かしたいと農協への就職を志望します。田舎の農協の組合長は、農協の規模の問題もあり、うちでは給料を出せないと判断。県の連合会あてに、思想穏健でという推薦状を書いてくれましたが、面接試験には労組幹部も同席。面白いものですから、短大問題をどう考えるかと、やたらしつっこく聞かれ、「自分が学んでいるところを解散するのを賛成ですと言う者はいないだろう？　とか、そういう身近な問題に無関心とは言えないだろう？」と、これは正直に答えるべきと考え考え話すのですが、ダンダン深みにはまっていき、「学生の立場で考えれば、短大を解散して学園を作るのではなく、今のあり方を充実してほしい……」といった風なことを述べたのではなかったかと思います。正直者で相手の望むような返答ができなかったのでしょう、不採用の連絡を頂戴しました。

農協に就職して、傍らで農業もという親の希望も叶えることはできない中、山口県内に就職するという気持ちは変わらず、さてどうするか？

●日本生協連で山口に生協は？

美土路先生が、山形県の鶴岡生協の佐藤日出夫専務と共著で「鶴岡生協と住民運動」という書籍を出版されており、日本生協連（日生協）とも懇意でしたから「先生、山口には生協ありませんかネ」と。

研究だけでなく、解散反対運動で超多忙な中を、一緒に日生協へ行っていただき、岡本氏、後の常務がまだ組織部次長時代、親切な説明を受けました。そして、山口と岩国にあるが、山口を奨める。山口中央生協の理事長が日生協理事会の常任議長をしているから次の理事会で上京の時、会えるようにしてあげようという配慮をいただきました。

当時、日生協も短大で、通信学生用の寮を活用し、全国生協学校という10日間くらいの研修会を毎年のように開いていましたし、職員採用のため、採用案内に総務部長がこられるようになっていましたので、同期から2名が日生協に就職しました。

〈新聞7〉藤村氏との出会い・この人なら！　と、給料も聞かずに生協へ

●東京での面接

山口中央生協の藤村節正理事長が日本生協連理事会の常任議長で、理事会の時にお会いできました。藤村氏の印象は強烈で、ヨーロッパの生協見聞の経験をもとに、山口県に生協を広めることを、情熱をもって語られ、「アッ、この人なら」と給料も何も聞かずに「お願いします」と。

労働運動の豊富な経験、早くから労働福祉に取り組み、労働界に籍を置いたままで県生協連の役員を務め、日生協の創立にも関わり最初から役員、その中で次家灘神戸生協（現コープこうべ）組合長と懇意になり、その支援を受け小郡生協を整理して、山口中央生協を設立してから五年目でした。

●未開の生協に魅せられた

協同組合運動に興味を持った学生を自分のペースに引き込むのはたやすいことだったのでしょう。これは働きたい、素直にそう思いました。藤村氏は、私の場合だけでなく、相手の事

を理解しようとする、そしてそれを自分の生きざまや夢と重ねて語るという特異な才の持ち主であったからこそ、マイナスからスタートした山口中央生協を一定規模まで引っ張ることができたのだと思います。常務にも面接してもらうから正月に帰省した時にでも寄りなさいと言ってくれました。

正月明けに柏木尚常務（神戸から出向、後の大阪北生協理事長）の面接、小郡駅北の階段をギシギシさせて上がる本部事務所、そこから山口へ移動し、労金のあるセンタービル1階のセンターコープという直営の食堂で、カツ丼150円をごちそうになったのが合格のサインでした。

農協から離れてしまい、苦労して学資を送ってくれた親の願いはかなわなかったものの、息子の選んだ進路には喜んで賛成してくれた両親の理解のおかげで、世間ではまだあまり知られていなかった生協入りが決まります。

●誇りと夢をもって就職

ともあれ協同組合短大での勉強と学生生活は、協同組合運動への確信を持てたことなど多くの事を学ばせてくれ、おかげで、組合員数1万6千人、供給高4億6千万円、職員数百余名の新興生協へ、誇りと夢をもって就職できました。

❷ 生協で育てられた（教育の大切さ！）

小郡、防府二つの旧生協の整理後の新生生協での再出発、近代的なスーパーマーケットでの事業。消費者の生協をめざす家庭会の組織づくり。そのような創設期から成長期に変わろうとする１９６９（昭和44）年に就職。社会人としての職員教育を受けました。

〈新聞15〉神戸研修、職員教育に思う

入協した山口中央生協での最初の赴任地は神戸でした。灘神戸生協での入協式、そして淡路島にある研修施設で、山口からの３人が同室。１人が少し年配であったこともあり、夜、一杯やろうと酒屋から小さな瓶を調達。翌日か翌々日、講師で来られた、コープやまぐちで非常勤の理事をされている、たしか神戸の常務だった方から、食事後、自室に来るように言われました。

その場では酒を飲んだことなど一言もなく、「おっ、特別待遇だな」と喜んでいました。その常務から翌日に「問題ありというから、話してみたが良いじゃないか」との連絡が山口に入ったそうです。翌々日に、山口の常務から、３人の中の一番年長者に電話で、経緯が説明さ

れこってり絞られました。

あの晩、部屋に呼ばれたのはこういうことだったんだと初めて気が付き、社会人のしかり方というのはこういう風に組織的に進むんだとビックリした次第でした。

ともあれ、新入生研修の後、半年間の六甲店での実務研修がスタートします。この職員寮では山口からの研修生が同室でした。翌年の山口店出店に備えてですから、部門はそれぞれ違い、農産、雑貨、衣料に各一人ずつ、私は塩干（塩干魚、練り製品など）部門でした。

●教育側が給料負担

給料は、コープこうべに負担してもらっていました。

学生気分の抜けない、生意気盛りの頃で、「給料を払えないのに、我々を採用したということか……」などと思ったりしたものです。

今にして思えば、「うちで支払うべき給料を負担いただき、教育受けさせて下さい」と頼むのは、いくら生協間の関係とはいえ、ずいぶんと心苦しかったことだろうと思います。そうまでして、職員教育に取り組んだ姿勢は、いまでは立派だったのだなと思います。

〈新聞16〉鶴岡へ行きたいに、札幌にも

親のすることに多少批判的なことを言ったとしても、子供はやっぱり甘えています。給料も出せないのになどとかげぐちを言いながらですが、それでも、自主的に神戸で学んだことのレ

ポートを提出したのは私だけでした。そして、レポートと一緒に、学生の時から書籍で知っていた「山形県の鶴岡生協」を見学させて欲しいと願い出ました。期待少々、たぶん難しいだろうという予測が八割くらいの気分ではなかったかと思います。

●鶴岡に加え札幌も勉強して来いと望外な返事

ところが、神戸から山口へ出向していた柏木尚常務から、「僕も見ていないから一緒に行こう。さらに理事長に相談したら、「今、年々、倍々の成長を遂げている札幌も学べ」と言われたという。ついては、鶴岡、札幌両方を勉強させるという連絡が入りました。

繰り返し言います。年商5億、翌年に大型店の出店を控えた台所事情では全く余裕はないはずの生協なのです。そうした苦しい中での判断であることなど露ほども感じさせず、「願いを聞き入れ、勉強してこい」という姿勢に大喜びしました。親の苦労を知らない子供たちですが、言い出しっぺの私は特に心ときめいていました。学生の時にかじった、全国の生協に「班組織づくり」の先鞭をつけた鶴岡生協に行ける。そして、初めて聞いた急速成長している札幌へも行ける。初めて乗った青函連絡船も忘れられない思い出です。

●班組織で進む鶴岡

当時の神戸はどのようにして組合員組織づくりをしていたのか？　自転車による御用聞きが、軽四トラックに移行していた時代です。午前中に訪問して注文を聞き、午後に商品を配達する。そのことで組合員の組織づくりをする。

そういう時代に、組合員５人から15人くらいが、近所であるいは職場で班を作り、そこで話し合いや商品の分け合いをする。そういう基礎組織を作り、着実に運動を進めていたのが鶴岡生協で、日本生協連はその経験を全国に広げようとしていた時代です。だから鶴岡の勉強は、うれしいうれしいチャンスでした。

〈新聞17〉「教育に始まり教育に終わる」

学生時代に学んだのは、協同組合の中には、農協だけでなく生協がある、ヨーロッパで生まれた協同組合の元祖は生協であったこと、その程度の知識です。「生協へ就職した」というと一般的な反応は、「エッ何？」、全国的にそんな時代でした。そんな時代に生協に就職。神戸だけでなくもっと勉強をと鶴岡生協も見学の願いが、札幌まで行けという、大プレゼント付き！「私の就職先はなかなかすごいじゃないか！」と喜びました。

●北大生協母体、発想斬新

北海道大学で生協運動を進めたメンバーが、大学の中だけではなく、市民生活に役立つ生協をと、地域生協づくりに乗り出したのが１９６５（昭和40）年、まだ数年しか経っていない時期でした。札幌市民生協として山口中央生協より2年遅く設立。その年に店舗を出店し、翌年から店舗数も、組合員数も、出資高も、供給高も年々、倍々に伸ばす、急速成長路線を実現し始めていました。

チェーンストアー理論を吸収し積極的に倍化を続ける生協は、神戸の生協しか知らない私には驚き以外の何物でもありませんでした。古くから生協を進めてきていた人たちにとって、北海道の生協の展開は刺激的だったと思います。それが、鶴岡を学びたいと言ったら「札幌にも行け」という返事になったのだと思えます。日本生協連も札幌の実践には大いに着目して紹介していました。しかし全国的に進めていくのは「班組織づくりを広げていく」ことが基本になっていたと思います。

●原則通り実践が鶴岡

次に希望した鶴岡です。協同組合短大での恩師・美土路達雄先生が、鶴岡生協佐藤日出夫専務と共著で「鶴岡生協と住民運動」を発刊されていて、生協へ就職が決まって以来繰り返し読んだ鶴岡生協です。山形県庄内地方の小さな市で、一つ一つの班での話し合いを大切に組織部員が商品をもって参加していく。そこで話し合ったことを持ち帰り、事業にも活かしていくという原則を着実に実践している生協。佐藤日出夫専務の話も聞くことができ、協同組合の原則の一つに教育の重視がありますが、その恩恵を享受できました。

〈新聞18〉若い時、多くを学びたい

●山口はどうあるべき?

神戸、鶴岡、札幌三つの違うタイプの生協を学ばせてもらいました。この経験は私がその後、

どのような生協を目指すのかに大きく影響を残していきますが、ただ当時の力量は、これからどうあるべきか考えるには、必要な知識もないというのが、実情でした。当時聞いた話では、神戸スタイルの一軒一軒御用聞きで訪問し、注文を聞き戸別配達するスタイルは、山口では事業展開は難しいのではという検討結果だったようです。

私なりに、「話し合いの基礎になる、班組織のない生協ではダメだ」と思うのですが、それはまだ何ら実践力のない若者の主張にしかすぎません。

●山口での最初の仕事

ともかく7カ月間の神戸研修を終えて、帰任した山口での最初の仕事は、来春に出店を控えた山口市での組合員加入の呼びかけ。一軒一軒訪問しての加入の呼びかけです。

その頃、山口中央生協の常勤役員体制は、理事長藤村節正、常務が事業面を柏木尚、管理面を小田国人。柏木常務を中心に新店の事業面の準備が進みます。組合員組織面では理事長も直接間接に関わります。

●品川弥二郎の話

記憶しているのは、加入推進に向けてのリーフレットづくりの一コマです。

「山口で生協は知られていない。政治的にとらえられることもある。それは決してプラスにはならない」

「だから、明治の元勲である品川弥二郎が、ヨーロッパの生協を見て、これを日本に持ち帰ろ

う と帰国後に産業組合法という法律を作った」

「それが日本の農協や生協が活動できる法律になった。いわばヨーロッパの生協を日本に持ち帰ったのは山口県の先人なのだ」

このことをパンフレットに書こうと、藤村に教えられました。

「生協運動は、教育に始まり教育に終わる」とも言われますが、それを実践してもらったこと、今もって、いや今だからこそ先人たちへ素直に感謝します。

〈新聞19〉組合員獲得、労組の役員

研修後、山口での仕事は、翌春、山口市に初の出店へ向けて組合員獲得の仕事でした。

流通業界におけるチェーンストアーの出店競争の激しくなった時代。山口市にスーパーマーケット大手のダイエー出店が1969（昭和44）年。対する生協も3階建て、1フロアー300坪を超える売り場面積。ダイエーの本拠地が神戸であることから、山口市の「ダイエー対生協の図式」で語られる競争関係でもありました。

ダイエー出店の翌年、生協の出店した山口店は今、yab山口朝日放送の本社社屋になっています。隣のセンタービルに出店準備事務所が構えられました。加入活動は、各家庭を戸別訪問して生協の説明を行い、組合員獲得が仕事です。

●労組の役員に

卒業前にゼミの先生に「就職したら3年位は、おとなしく仕事をして、生意気を言わず、力をつけることを心がけます」との約束は、もろくも崩れていきます。仕事は自由時間があるように見えたこと、何かしら問題意識を持つみたいだと思われたのでしょう、労働組合の役員に推されます。労組の役員になれば、やっぱり待遇改善だけでなく、職場運営や生協運営についても発言したくなります。先生との約束は、自然消滅、卒業後お会いした時、約束は守れませんでしたと、笑って許していただきました。

では、どんな主張をしたのか？　待遇改善に加えて、一番繰り返していたのは、「班のない生協ではダメだ。班組織を作るべきだ」でした。

❸ 新聞連載むすび

〈新聞117〉たくさんある中、二つの反省

この連載も結びを迎えました。自分史と生協史を重ね合わせた回想記をという無謀とも思える願いに、紙面を提供いただき、拙い文章をチェックいただいた山口新聞社のご協力と、購読いただいた方々のおかげです。心から感謝します。

心配なのは、自慢している印象も与えたかも知れないことです。たくさんの反省も抱えていますが、むすび前に。二つだけ記します。

●山口の社長TVに出演、還暦過ぎの反省

インターネットで配信している日本の社長TVという番組があります。今も私の名前で検索いただくと見ていただけます。10年前、当時、山口の社長TVという番組名でスタートの時、取り上げていただきました。その中の還暦の反省。

仕事、趣味、スポーツ、なんでも良い。継続して実践したら還暦の時には、40才からだったら20年、50からでも10年……。そしたらどの分野でも玄人と言える状態になれる。残念ながら私にはそういう継続できたものが無い。これが私の反省で、若い職員にぜひそういう努力をと

言っている。という古希を超えた今も何ら具体化できていない自省です。

●大いなる反省ココランド

宇部市上宇部の旧厚生年金施設が競争入札に出された２００９（平成21）年、当時理事長であった私は、有料老人ホームは福祉生協さんコープで、スポーツレジャー施設は関連会社コープサービスで活用、宿泊施設は組合員の研修、保養施設にすることができればと、この施設を取得する手続きを進めました。施設全体をココランドと命名、宿泊施設は株式会社ココランドとして、私が社長となって運営することにしました。福祉やスポーツ施設は良いものの、宿泊施設は大苦戦大失敗、黒字を出そうと懸命になりましたが、かないませんでした。

●「負の遺産」を残す

私は、若い時から過去のマイナスからの脱却経験に苦しみましたから、退任後は「負の遺産は残したくない」と強い思いを持っていました。この投資は、大いなる反省とタイトルを付けたように、悔いの残るものでした。後任とスタッフの奮闘を見守りつつ、苦労をかけていることをお詫びします。

〈新聞118〉大切にしてほしい事二つ

実践から学んだ二つの大切にしてほしいこと、未来への一言で連載を閉めさせていただきます。

●運動、組織が基礎

協同組合短大の恩師、美土路達雄先生は、協同組合について美土路理論と言われる学説で知られるだけでなく多岐にわたる活躍をされました。その美土路理論の中の、「鏡餅」論は、協同組合の重層構造をわかりやすく説明されたものです。

協同組合の組織体、経営体、資本体的な性質は、いわばお正月の鏡餅のように、一番下に大きな組織体のお餅があり、次に経営体のお餅があり、その上に資本体という橙が載っている。その鏡餅をのせる三宝が運動体だ。この重層構造をしっかり結びつける民主的運営が大切と教わりました。

●入った生協に班組織が無い

下の鏡餅が柔らかだったら上の餅がめり込むよ、と学んだ組織ですが、就職した生協には班組織が無かった。「班がない生協ではダメだ」と生意気を言った由縁です。おかげで、実践の場を与えられ、牛乳配達しながら組織づくり。班会や、班長会、運営委員会などに関わり、さらには広報活動と、初期の組織づくりに携われた経過の上で、石油ショック。消費者運動に取り組む絶好の機会で、組織ができつつあるから運動展開ができました。

●組織・事業のアンバランス

その運動で社会的認知が高まることも活かして急速な出店。事業展開を急ぎ、その組織、事業のアンバランスからの経営危機。「運動、組織を大切にして、その上での事業・経営の健全化を図ること」大切にしてほしい一つです。

●経営再生は人的資源の力で

救済の手が差し伸べられて事業縮小という外科的手術。そこからの経営再生の中心の役目を与えられた私は、組合員組織と職員組織、この二つの人的資源こそが協同組合の無形の財産、これを活かすことを基本におきました。「組合員と職員が力を出し合おうと思える状況を作ること」大切にしてほしい二つ目です。

●SDGsの世界へ

以降、健全な経営体質を築く試行錯誤の上で、社会との共存関係を目指す活動に関われました。コープやまぐち半世紀でバトンタッチ。後継に恵まれ、２０２０年度決算で、20万世帯組合員、供給高２３７億円と順調です。

未来へは国連の提唱するＳＤＧｓ（持続可能な開発目標）の具現化の一翼を担ってほしいと願って、連載を終えます。

深謝。

いっしょにつくろうヨ　いいコープ！　理事長メッセージNO. 457

2012.04.09　有吉　政博　ariyoshi@yamaguchi. coop

山口県民の暮らしになくてはならないと言われる生協を築きたい！

まさに春の訪れ実感の生協まつり、天候にも恵まれ大盛会、そして終わっていま桜花爛漫。

運営に当られた関係者をはじめ、参加されたみなさんご苦労さま、お疲れ様でした。

「もし、自分だったら、どうされたら気分がいいか？」を考えて、創意工夫を！

翌２日、新入職員への辞令交付、そこで右下の例年話している話（少し先輩のみなさんに初々しかった時を思い出して頂きたく掲載）に加え、**「相手の欲していることに気づくことの大切さ」**を話しました。～　これは大先輩みなさんにも共通する話として要旨を紹介します。

事例として紹介したのは、「また　あなたから買いたい！」という書籍。

著者の齊藤泉さんは、ワゴン車を押しての車内販売、山形新幹線（８両編成400席、片道3.5時間）のアルバイトで、通常７万円の売り上げのところを26.5万円の記録も持ち、何と片道で客数の半分弱にあたる弁当187個販売という実績を持つ方。

ペットボトル100本売ってもで1.3万円、それが工夫によって片道3.5時間で20万円を超えることができるようになったのは、全てはお客さまに喜ばれることを積み重ねていった結果というのです。

「もし自分だったら、どうされたら気分がいいか」を考え続ける、いわば心地よさの追求、そこから見えてくる創意工夫を積み重ねた結果だというのです。

沢山の具体的な話の中から、新入生に紹介したのは、エプロンの左右のポケットはそれぞれが二つに分かれていて、４種類の硬貨を分別できる。彼女は、50円玉と500円玉は一度に２枚使うことはない、だから体から離れた外ポケットに入れる、副数枚使う10円玉と100円玉は、内側ポケットに入れるという、早く正確に出せるよう工夫した話。

他にも、POPを作成したり、お弁当の写真入りメニューも自作で用意して選びやすくして時間短縮を図るとか、天候等を考えてワゴン車への積み込みの工夫をすることはもちろん、会社に弁当のメニューを変えてもらうことまで提案するようにしたなど、紹介しきれない内容にあふれています。

毎年新入生に話している話。

「立志」「拓友」「読書」と、

組合員の「善意」に対して「誠意」をもって対応を！

この話、毎年のように新入生教育で繰り返していますし、このメッセージでもたびたび伝えていますので、「マタ、あのハナシ」と感じられる方も多いでしょう。

松下村塾に入門を希望してきた若者に対して、松陰先生は、「あなたは何のために学ぼうとするのか？」と、志やいかにと問われたそうです。そして、若者に必要なこととして、「立志」、「拓友」、「読書」の三つを挙げられたそうです。今日にも十分に通用することを心がけようと、私も呼びかけに使わせていただいています。

も一つ毎年繰り返していること、「組合員みなさんの生協への思いと行動は、“善意”です。その上で寄せられる質問などにもすぐにこたえることができない新入生のときには、なおさら“誠意”をもって相手の立場で対応できるようにしていただきたい」。忘れかけていた方々には、思い出して欲しく記しました。

そうした「相手の欲していることを考え、
それに対して喜ばれるように工夫する」そういう姿勢を持ち続けてほしい！

新入生には、まず組合員みなさんが何を欲しておられるのか、という見方を心がけて欲しい。それが習慣になると、先輩や上司は、自分に何を期待しているのだろうかと考えることにもつながると思われる。更に年数がたちリーダーにもなると、自分のチームのメンバーが求めているのは、、、と。こう考えると、店長、センター長や、マネジャーになっても大切なこと。

いや、仕事を任されれば任されるだけ、自分の方から、組合員は？上司は？部下は？商談の相手は？さらには地域社会から求められていることは？というように発展させていかねばならない、とっても大切なことのように思えます！

そして相手の求めていることに応えるには、まず「姿勢」。

そして、応えきれる「基本の知識・技術」、これは身につけねばならない。

その上で、創意工夫は初めて可能になる。

新入生に話したこと、実は、私自身が心がけねばならないことでした。

人・いきいき、商品・いきいき
あなたの笑顔がわたしのよろこび。

いっしょにつくろうヨ　いいコープ紙面

終章

二つの組織の共鳴・共震は無限の力をも発揮する！

運動・組織・経営・資本体の重層構造「鏡もちの一体的運用を！」

●「鏡もちの一体的運用を！」

新聞連載の結びと重複しますが終章は私の体験的協同組合小論の結びです。60周年記念の本書で第一に原点回帰をテーマにしました。創業の志を考察し、創業にあたって今から作る生協の存在意義が「民主主義の定着」と「平和な世の中を希求する」という壮大なものであったことを考察し、還暦を迎えて「平和な世の中を希求する運動」はどこまで実ったのかをふり返りました。

そして逆に忘れてはならないこととして経営危機を振り返り、そこからの脱却、そしてその後の再建のエネルギーは職員組織と組合員組織の二つの人的資源のパワーで復活できた流れを整理しました。経営再生できたのは、イズミヤに独立した生協として経営できる再建基盤を作っていただいたこと、加えて多くの方々に協力いただいたという外的環境に恵まれたこと、そこに内部努力がかみあって還暦を迎えることができたわけです。

再生かなった生協として、「コープやまぐちを地域社会になくてはならない組織にしていくこと」と考えたこと、山口県民共有の財産と言われる生協にすることで、その恩に報いることができるのではとの思いも込めた、復活後の地域社会との共存の取り組みを整理しました。

それらをふり返り、私は、「**生協の重層構造、運動体、組織体、経営（事業・管理）体、資**

本体の一体的運用を！」との考えで結びたいと思います。
新聞連載結び118回で書いた内容が重複しますが、少し詳しく説明します。

1　美土路理論

協同組合短大の恩師、美土路達雄先生は、協同組合について美土路理論と言われる学説で知られるだけでなく多方面で活躍をされました。
美土路達雄選集刊行事業会・筑波書房の刊行された美土路選集全4巻の題名を列挙しますと、協同組合論、農産物市場論、労働者・農民運動論、農民教育・生活論と多岐にわたっています。その協同組合論（1巻でA4版およそ300頁）と膨大な著作の中で美土路理論と言われたその中の「鏡餅」論は、協同組合の重層構造をわかりやすく説明されたものです。

以下、働く者の農協論（美土路達雄著・現代企画社）から「協同の重層構造」の項目を抜粋

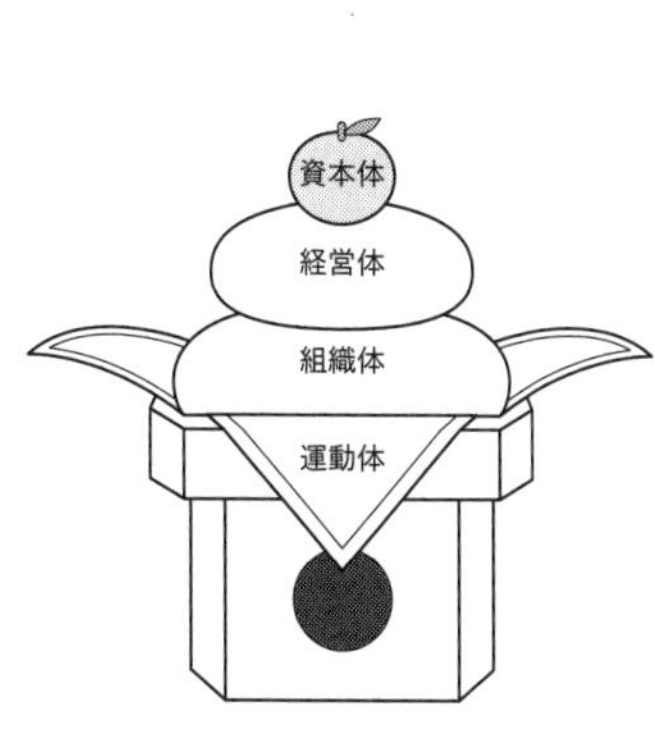

協同組合の組織体的な性質、経営体的な性質、資本体的な性質というものは、いわばお正月の鏡餅のように、一番下に大きな組織体のお餅があり、次に経営体という小さなお餅があって、その上に資本体という橙がのっているようなものだと考えられる。これを協同組合の重層構造という。

だから組織体の大きなお餅がやわらかかったら、上の経営体のお餅がめり込んでしまうし、経営体という小さなお餅がしっかりしていないと、その上の資本体という橙をいくら大きくしようと思っても、ころげおちてしまう。やはり生きた農民の協同というところから、組織体、経営体、資本体という、この発展を結びつけて、それぞれがほどよく結びつけて行われるという相互関係が非常に大事だと考えている。

と同時にこの農協のそういった性質が、鏡もちのように三つ重なっているとすれば、これは三宝に乗せてやりたいわけで、実はその三宝に相当するのが、農協の運動体だ。つまりそういった共同の組織、経営、資本というものを結びつけて、それを全体としてどのようにみんなで運用していくかということは、本来からいえば組合員農民全体で民主的に決めるべきことだ。理屈からいえば、農協の総会がその場に相当する。むろん農協の総会だけで運動体ができるわけではないが、それに象徴されるように、みんなが集まって一年間の成果と欠陥を総括して、その中から本年度の教訓を引き出して、来年度の方針と予算を決める。それを決めたうえで役員にそれを委託するために役員選挙をやる。これが農協の総会のハズである。

（後略）

2 新人職員ながら「班組織」づくりの経験

班が無い生協ではダメだ

下の鏡餅が柔らかだったら上の餅がめり込むよ、と学んだ組織ですが、就職した生協には、出資金を出した組合員はいるものの「班組織」がありませんでした。生協の場合について詳しく勉強したわけではありませんが、班組織がなければ話し合いもできないわけですから、これではダメダと思うくらいの判断はできました。入協（就職）２年目で「班がない生協ではダメだ」などと生意気を言った由縁です。

班づくりで運動にも取り組めた

生意気を言ったおかげで実践の場を与えられ、牛乳配達しながら組織づくり。班会や、班長会、運営委員会などに関わり、さらには広報活動と、初期の組織づくりに携われた経過の上で、石油ショック。産業界もですが、買いだめ騒動が全国に広がるという国民生活の不安、消費者運動に取り組む絶好の機会でもあり、班組織ができつつあるからそこを基礎に運動展開ができました。県消費者団体連絡協議会設立では事務局長の役目を担い、今日までその役はコープやまぐちが担っています。

運動があって組織ができるのが普通のパターンだと思いますが、組織を形作っていたからその人々にとって必要な運動が取り組めました。

組織・事業のアンバランスから経営危機に

その運動での社会的認知が高まることも活かし、高度経済成長、流通革命の時代でもあり、それに乗り遅れまいと急速な出店を行ったわけですが、事業展開を急ぎ、その組織、事業のアンバランスからの経営危機に見舞われました。

「運動、組織を大切にして、その上での事業・経営の健全化を図ること」の大切さを実感しました。組織、事業のバランスは経営規模が大きく成ってきた今日なお「絶えず目を離してはならないテーマ」のような気がします。

3 経営危機からの脱出

今にして思っても恵まれていたと思います。倒産寸前の生協を救済してもらったわけです。

不採算店舗を切り離すことに全面的に協力いただいただけでなく、生協は自立した経営体で再建にあたれたわけです。

そのあり得ないような支援を得ることができたのは、「危機にあたって、なんとしても倒産を回避しなければ！」という初代理事長の責任感がベースになったと思います。加えて、それまでも多くの縁をいただいていた高村勣氏などから、その姿勢ならばと支えていただけたという、「当事者の責任感と取り巻く人々の支援力」がマッチしてできた構造と思うのです。

そこからの再建にあたってのリーダー役を任された私は、「職員組織と組合員組織、この二つの組織の人的パワー」を原動力にしました。紆余曲折はあるものの、組合員組織の拡大が事業の拡大に直結する共同購入事業の成長期でもあり、本店の買戻し約束こそ実行できませんでしたが、そのことが結果的に健全な体質づくりにつながり、切り離した店舗のうち3店を買い戻すこともできました。

その都度、経営テーマを明らかにして方針を組合員に伝えていくこと、そのことが、組合員が力を寄せ合おうと思われ、出資、利用しようと思われる流れにつながると思います。加えて、組合員の期待に誠意を持って応えようと思う職員組織、二つの組織の歯車がかみあうことが協同組合の強さを発揮できる条件と言っていいと思います。

4　10年続けた週1の職員向けメッセージ

理事長に就任してから10年間、私の誇れる唯一の実践です。Ａ４一枚の職員向けメッセージを４９３通発信しました。毎週、所属長までメールで配信し、それをプリントして配布してもらいました。1号で、理事長就任を知らせ五つの約束をしました。その中の一つに、「仕事は、ウイークリーマネジメント（1週間単位で業務の推進・管理をしていくこと）を基本にしています。そのことを率先して実行しなければならないと考えて、地区担当（共同購入の配達業務にあたる役目）のみなさんが毎週、組合員向けに「地区担当ニュース」を発行しておられるのですから、このメッセージも週1回の発行を目指します。と、書いています。

その時々取り組んでいる重要なテーマについての考え方を中心に、組合員から喜ばれた事例などについて、質問が来た時に共通すると思った場合の説明、時に応じて理事長として考えていることなども書きました。４９３通ということは、年間は52週ですから、在任10年間ほぼ休まなかったという数字で、約束は守れました。

組合員組織と職員組織を結びつけたいと思って、自らに課して実践したことで、職員みんなに知ってほしいこと、あるいは力を発揮してほしい方向についてなど、それがどれほどの力になったのかは不明ですが、読んではもらったようです。

5 バランスの取れた経営

欠かせないバランスの一つは、組織と事業のバランス。も一つは、経営の収支バランス。どちらも壊れた時に、手痛い目にあいました。でも収支構造を立て直そうと発表し、出資配当をできなかった4年間がありましたが、その時も出資金は10億円増資していただけました。状況をオープンにして、改善方向をはっきりすれば、組合員の理解・協力は得られることの一つの実例です。むしろより大切なのは、正直に伝えることだと思います。

6 運動体、組織体、経営体、資本体という重層構造を強みに

経営体や資本体性格が突出することなく、組織体で運動に取り組めるようにして行きたい。運動とは、社会的な運動もあります。事業や生協経営を良くする運動もあります。生協活動そのものが運動です。新聞1で書きました、「生協運動、古くから協同組合にかかわった者が好む『運動』という言葉。『いかだのようなものだ』とのたとえ話も出しましたが」、組織づくり、経営（事業）づくり、資本づくり、それぞれが運動展開できなければならないと思います。

例えば増資という資本づくりは、出資金の大切さを理解いただいた時に参加していただけま

す。その理解を深めることが運動の第一歩だと思うのです。

組織体で、話しあい、力を合わせる方向を定めることで、無限の力を発揮できる。それが協同組合の強みです。そういう協同組合にしていくには、重層構造を一体的にしていく営みが大切！　が私の「体験的協同組合小論のまとめ」です。

「重層構造（運動、組織、経営、資本）を一体的に」は、組合員という組織体での話し合いを基礎に、今、暮らしを取り巻く環境で消費者にとって必要なことがあればそれへの運動に取り組め、今、事業の状況がどうなっているのかをオープンにしてそれに対するみんなの力の合わせ方を話しあえる、改善の方向について組合員も職員も一緒に努力できる、そういう「協同」が実践できることを追求していく組織であって欲しいと願っています。

そして、街まちに協同する姿のある山口県をめざしたい。

一組合員としての願いですし、これからも参加をつづけたい気持ちです。

深謝

発刊に寄せて

２０２３年コープやまぐちは創業から60周年を迎えます。１９６３年8月31日、３８７世帯組合員で創立総会を開催した組合員数も、２０２３年3月末で21万7千世帯、県民世帯数の36％を越えるまでに成長できました。

そして、２０３０年に向けたビジョンテーマを「つながる・創る　共に生きる未来！」と掲げ、人・組織・地域と「つながる」力で、新たな価値を「創る」ことにチャレンジし、利他の心を育み、誰一人取り残さない、安全で安心と信頼に包まれた「共にいきる未来！」を創造していくという思いを込めて活動をすすめています。

１９６３年小郡生協を整理し、市民生協型の生協を築きたいという強い思いで創業した藤村初代理事長は、消費者の組織として事業と運動を急速に拡大していく過程で、１９８０年代に大きな経営危機を迎えますが、打開に向けた道筋を付け責務を果たされました。

2代目となる田村理事長は、その意思を引継ぎ、経営危機を乗り切るために行政や商工業関係者との折衝の陣頭に立ち難問題をクリアするとともに、組合員や役職員に対してリーダーシップを遺憾無く発揮されました。

そして、3代目有吉理事長は、初代・2代目理事長を、職員時代に始まり常務理事・専務理事として補佐し、内部の取りまとめの中心になり、経営危機の打開とそこからの再生にあたってきました。常任理事1年、常務理事8年、専務理事9年、理事長10年、会長理事6年、自身の50年の生協歴の中でも34年間を役員として奮闘してきました。

経営危機という激動期から再生に向けて先頭に立ち続けた軌跡は、一昨年、山口新聞にコープやまぐちの生協史に自分史を重ね合わせ「咲かせようね　みんなの夢を！」というタイトルで連載されました。今回の「山口トライ」は、創業の理念と志について等、新聞の連載や今まで明文化出来ていなかったことが整理されています。

本誌では平和の取り組みに光を当てながら、私たちの活動の実績を検証されました。また、経営危機からの脱出、経営に再生のテーマでは、組合員組織、職員組織、この二つの人的組織が力を発揮できる状況を作ることという、自らの経験に基づく実践と、組合員みなさんが力を出し合おうと思っていただくには「共感・共鳴」が大切と強調されています。

これらは創業から60周年さらなる未来に向けて想いを馳せた時、その歴史を大切にして、その教訓は今後も活かしていくという上で貴重です。支援いただき再建できた、その恩返しは地域社会へのお役立ちということも、これからも受け継いで参りたいと思います。

役職員はもとより、組合員の皆さんも、お取引先の方々にもさらに生協に関心をお持ちの方にはぜひご一読をお願いしたいと思います。

生活協同組合 コープやまぐち 代表理事 理事長　山崎和博

あとがき

私の社会人人生は「生協」一筋、「生協だけ人間」と自認していました。「その経験を書いてみたら」と宇和島正美さん（みなと山口合同新聞社取締役山口新聞編集局長〈現・みなと山口合同新聞社顧問〉）にお声かけいただき、「咲かせようね　みんなの夢を。」の新聞連載が実現できました。氏には、毎回の私の拙い文章にアドバイスをいただき励まし続けていただき、生協史に自分史を重ねるという無謀にも思えるチャレンジの118回もの連載ができました。

連載中から多くの方々に書籍化の期待をいただきました。そんなだいそれたことをとも思いましたが、一地域生協の奮戦録と、私自身の社会人人生の卒論としてまとめることができればと無謀な夢も持ち始めました。幸いに新聞連載記事に対して、幻冬舎ルネッサンスの井塚純子さんから親切な講評をいただき、当時の社長からビジネス書での発刊を勧められました。さらにコープやまぐちが創立60周年を迎える時期とも重なる幸運もありました。記念事業の片隅に加えてほしいという私の願いを、現執行部に快諾いただけ本書が日の目を見る準備が整いました。以降、書籍化の編集制作に協力いただいた、幻冬舎ルネッサンスの中島弘暉さん、金田優菜さんにお礼申し上げます。

有吉政博

〈著者紹介〉

有吉政博（ありよし　まさひろ）

1948年周南市須金に生まれる。県立広瀬高校卒、1968年協同組合短期大学卒、同年山口中央生協・現生活協同組合コープやまぐち入協、1985年（37歳）同生協常任理事就任、1年後常務理事就任8年間、以降専務理事9年間、理事長10年間、会長理事6年間を経て2018年理事退任、現在同生協顧問、山口県生協連顧問、山口県流通センター株会社代表取締役

編著書に半完成協奏曲♪さらなる半世紀へ♪（コープ出版2013年）

山口（やまぐち）トライ！
還暦迎（かんれきむか）えたヨ、私（わたし）たちのコープ

2023年9月29日　第1刷発行

著　者　　有吉政博
発行人　　久保田貴幸

発行元　　株式会社 幻冬舎メディアコンサルティング
〒151-0051　東京都渋谷区千駄ヶ谷4-9-7
電話　03-5411-6440（編集）

発売元　　株式会社 幻冬舎
〒151-0051　東京都渋谷区千駄ヶ谷4-9-7
電話　03-5411-6222（営業）

印刷・製本　中央精版印刷株式会社
装　丁　　土本夏海子

検印廃止

ISBN 978-4-344-94643-9 C0036
幻冬舎メディアコンサルティングＨＰ
https://www.gentosha-mc.com/